Ulrich Wößner

Die Gemeinde des Messias

Ulrich Wößner

Die Gemeinde des Messias

Vom organisierten und kontrollierten Christentum
zu christlicher Freiheit und Verantwortung

GloryWorld-Medien

1. Auflage 2024

Bibelzitate sind der Übersetzung „Jesus der Messias" (GloryWorld-Medien 2024) entnommen.

Lektorat: Klaudia Wagner

Satz: Manfred Mayer

Umschlaggestaltung: Jens Neuhaus, www.7dinge.de

Printed in the European Union

ISBN: 978-3-95578-640-3

Bestellnummer: 356640

Erhältlich beim Verlag:

GloryWorld-Medien
Beit-Sahour-Str. 4
D-46509 Xanten
Tel.: 02801-9854003
Fax: 02801-9854004
info@gloryworld.de
www.gloryworld.de

oder in jeder Buchhandlung

Inhalt

Dieses Buch ist all jenen gewidmet,
die sich in ihrem Einsatz für Gott
in christlichen Kirchen oder Gemeinden
müde gearbeitet haben
und, je länger, desto mehr, darunter leiden,
dass christlicher Anspruch
und erlebte Wirklichkeit
nicht zur Deckung zu bringen sind,
so sehr sie sich auch darum bemühen.

Vorwort

Im Alter von etwa 14 Jahren habe ich Jesus eingeladen, in mein Herz zu kommen. So begann meine Nachfolge von Jesus, dem Herrn, in der ich nun schon über 50 Jahre stehe bzw. gehe. Ich war Mitarbeiter in der Jugendarbeit meiner evangelischen Kirchengemeinde und Mitbegründer eines Schülerbibelkreises am Gymnasium. In beiden Bereichen erlebte ich so etwas wie gelebte Gemeinde.

In der Meinung, dem Herrn damit effektiv dienen zu können, wollte ich Pfarrer werden. Und so erlernte ich in einem Sprachenkolleg in Stuttgart die Bibelsprachen Hebräisch und Griechisch und studierte dann an der Universität in Tübingen evangelische Theologie.

Nach dem Studium ging ich wie geplant in den kirchlichen Dienst, zunächst in Ausbildung als Vikar, dann als Pfarrer. Ich erlebte große Dankbarkeit und Zustimmung von gläubigen Geschwistern, andererseits auch immer wieder Gegnerschaft gegen biblische Inhalte. Dazu kamen Arbeitsüberlastung und zunehmende Zweifel an der Institution.

Nach 10 Jahren Tätigkeit im Pfarrdienst der evangelischen Kirche wurde ich im August 1990 auf eigenen Wunsch von dort entlassen. Durch einen längeren Erkenntnisprozess war mir dieser Schritt klar geworden, denn trotz aller Konzeptionen für Gemeindeaufbau und Gemeindewachstum, die von engagierten Mitchristen und Kollegen propagiert wurden, blieb die Umsetzung der neutestamentlichen Sicht für den Bau der Gemeinde eine Illusion.

Nach dem damaligen Vorbild von Wolfram Kopfermann, einem einflussreichen Pastor der Evangelisch-lutherischen Landeskirche in Hamburg, der Ende der 1980er-Jahre aus seiner

Kirche austrat und eine Freikirche gründete, wechselte auch ich in den Pastorendienst einer Freikirche. Dabei hegte ich natürlich die Erwartung, dass man hier biblische Aussagen für wahr und gültig nehmen würde.

Doch nach weiteren 10 Jahren Gemeinde-„Arbeit" landete ich in einem Burn-out. Dabei begleitete mich die deutliche Ahnung, dass auch in diesem System etwas nicht stimmen konnte. Schließlich wurde mir klar, dass es in der neutestamentlichen Gemeinde weder Pastoren noch sonst eine menschliche Hierarchie gibt. Als Konsequenz begann ich, auf eine entsprechende Veränderung in der von mir geleiteten Gemeinde hinzuarbeiten.

Die darauffolgenden Gespräche endeten jedoch abschließend mit der interessanten Aussage eines der Gemeindeältesten, ich zitiere sinngemäß: „Was unser Pastor will, ist eigentlich richtig, aber wir halten es nicht für machbar." Man betrachte diese Aussage einmal im Licht göttlicher Maßstäbe ...

Ende 2002 geschah schließlich mein Abschied aus dem Pastorendienst und aus dem freikirchlichen System. Seither bin ich wieder ein einfacher, freier und fröhlicher Christ, wie ich es vor der kirchlichen Dienstzeit in meiner Jugend schon einmal war.

In jener Zeit begann ich, das vorliegende Buch zu schreiben. In den gut 20 Jahren seither habe ich, mit längeren Pausen, immer wieder einmal daran weitergearbeitet, genauso wie an meiner Übersetzung des Neuen Testaments. Hier wie dort kamen auch in diesem Buch immer wieder neue Kapitel dazu. Mein Eindruck ist, dass es nun fertig ist, jedenfalls steht aus meiner Sicht das Wesentliche darin. Und es ist höchste Zeit, dass es auch jemand zu lesen bekommt. Möge es ein Segen sein!

Im September 2024
Ulrich Wößner

KAPITEL 1

Der Zweck des Buches

Wem es gilt

Lieber Leser, liebe Leserin,

bevor ich kurz zusammenfassen werde, um was es im Kern dieses Buches gehen soll, möchte ich gerne sagen, wen ich ansprechen will: Es sind Menschen, die sich für das echte Christentum interessieren.

Dieses Buch ist für mich etwas sehr Persönliches. Und ich möchte damit weniger theoretische Erkenntnisse weitergeben als vielmehr persönliche Hilfestellung aus dem Studium der Bibel und aus eigenem Erleben heraus. Seit nun schon mehr als 50 Jahren bin ich Christ. Ich war Jugendmitarbeiter, Theologiestudent, Pfarrer einer Landeskirche, Pastor einer Freikirche und Mitglied einer Brüdergemeinde. Das heißt, ich weiß, wovon ich spreche.

Ich spreche als Bruder zu tatsächlichen oder potenziellen Mitchristen, mit denen ich zusammen einen gemeinsamen Weg biblischer Erkenntnis gehen will. Es geht dabei um die Überzeugung, dass wir im Königreich Gottes alle gleichwertige Brüder und Schwestern sind, eine Familie, die sich gegenseitig dabei ermutigt und hilft, den Weg mit Jesus immer klarer zu erkennen und konsequent zu gehen.

Grundvoraussetzung: Die Bibel

Die Voraussetzung, auf der die Erkenntnis und die Argumentation in diesem Buch aufbauen, ist die Heilige Schrift, die Bibel. Besonders wichtig sind dabei die Schriften des Neuen Testaments. Sie bringen die Lehre von Jesus und seinen Aposteln, die ich lieber seine Gesandten nenne, direkt zum Ausdruck. Diese Lehre kommt von Gott und ist deshalb normativ für die Gemeinschaft der Glaubenden, die Jesus nachfolgen. Das vorliegende Buch soll Lehre und Aussagen der Bibel erhellen und in diesem Sinne ein klärendes und erklärendes Buch sein.

Dabei bitte ich den Leser insbesondere darum, selbst über alles nachzudenken und es in der Bibel nachzuprüfen. Das entspricht der Anweisung, die Paulus als Gesandter von Jesus gegeben hat: *„Prüft alles und behaltet das Gute!"* (1. Thessalonicher 5,21).

Die in diesem Buch verwendeten Bibelzitate stammen aus meiner eigenen Übersetzung des Neuen Testaments, die kürzlich erschienen ist.[1] Die Kenntnis des Altgriechischen ist eines der großen Geschenke meiner theologischen Ausbildung. Die Erforschung und Übersetzung des Neuen Testaments in seinen Zusammenhängen hat vieles zum Wachstum der Erkenntnisse beigetragen, die ich in diesem Buch darzustellen versuche.

Wenn im Folgenden irgendwo in Klammern fremdartige Wörter auftauchen, dann sind das griechische Begriffe aus dem Neuen Testament, die ich zum besseren Verständnis für die anführe, die etwas damit anfangen können.

Worum es geht

Zunächst möchte ich in einer Kurzfassung darstellen, was der Kerngedanke des Buches ist: Das System von Kirchen, Freikirchen und unabhängigen freikirchlich strukturierten Gemeinden ist für wirkliches, biblisches, gottgewolltes Christ-Sein nicht

---

[1] Jesus der Messias: *Das Neue Testament – aus dem griechischen Grundtext übersetzt von Ulrich Wößner,* GloryWorld-Medien 2024.

förderlich, sondern hinderlich und sogar schädlich. Und aus der Sicht des Neuen Testaments ist es ganz einfach falsch.

Die Freiheit des Christen, zu der Gott ihn berufen hat, wird durch ein System der Hierarchie, Obrigkeit oder „Leiterschaft" zunichte gemacht. Dieses degradiert den einzelnen einfachen Christen zum „Laien", „Gemeindeglied" oder gar „Gemeinde-Schäfchen". Von den Zuständigen wird er betreut, geleitet und beschäftigt (auch gesteuert, manipuliert und abkassiert). Aber als gleichwertiger und gleich wichtiger Christ wird er weder anerkannt noch für voll genommen.

Damit ist die Entwicklung zu Unmündigkeit, Abhängigkeit und Unfreiheit programmiert. Das „Gemeindeleben" wird organisiert und veranstaltet. „Gemeinschaft" wird immer wieder angemahnt und in der Praxis als fleißiger Besuch von Veranstaltungen und tolerantes Seid-nett-Zueinander verstanden und zu leben versucht.

Dagegen beschreibt das Neue Testament die freie Gemeinschaft seiner Nachfolger, die Jesus gestiftet hat. In ihr geschieht das gegenseitige Anteilnehmen und Anteilgeben aus freier Liebe zueinander. Dieser gemeinschaftliche Umgang miteinander findet im kirchlichen System so nicht statt; er ist weitgehend unbekannt.

Zugegeben, diese Beschreibungen scheinen ein bisschen pauschal zu sein. Aber in der Formulierung einer Kernaussage kann es nicht anders sein. Die Feinheiten führe ich im weiteren Verlauf des Buches aus.

Ich kann meinem Leser, meiner Leserin aber schon einmal eine doppelte Testfrage stellen: Fühlst du dich einem Pfarrer oder Pastor gegenüber als gleich wichtiger Mitchrist? Nimmt er dich wirklich für voll? Und ist er umgekehrt in deinen Augen nur so wichtig, wie jeder andere Mitchrist um dich herum? Und behandelst du ihn auch so?

Wer hier beide Male ehrlich mit Ja antworten kann, ist ein beneidenswerter Sonderfall eines wirklich mündigen Christen. Auf jeden Fall ist er aber eine völlige Ausnahme. Die meisten müssten Nein sagen, sie fühlen sich nicht gleich wichtig. Und ob die Oberen sie wirklich für voll nehmen, diese Frage stellen sie lieber gar nicht. Die Antwort darauf wäre ernüchternd.

Die Gemeinschaft, die im Neuen Testament Jesus nachfolgt, kennt keine Hierarchie: Sie besteht ausschließlich aus Brüdern und Schwestern (adelphoi – was im Plural die Frauen mit einschließt).

- Sie hat Gesandte (apostoloi), aber keine Kirchenleitung.
- Sie hat Verantwortliche (episkopoi), aber keine „Bischöfe".
- Sie hat Ältere (presbyteroi), aber keine „Ältesten".
- Sie hat Führende (hegoumenoi), aber keine „Leiter".
- Sie hat Hirten (poimenes), aber keine „Pastoren".
- Sie hat heilige Schriften, aber keine Aktenordner mit Vereinssatzungen, Gemeindeordnungen oder Kirchengesetzen, von Sitzungsprotokollen ganz zu schweigen.
- Sie ist familiär strukturiert und hat Väter und Mütter – und vor allem Geschwister, die füreinander da sind und einander gegenseitig mit den Gaben dienen, die Gott ihnen gegeben hat, um erwachsen, heilig und fruchtbar zu werden.

Auch Martin Luther hat das in seiner Zeit so erkannt, wenn er z. B. in seiner Schrift „Das Magnificat verdeutschet und ausgelegt" von 1521 schreibt: „wie wohl in der schrifft / kein geistlich oberkeit noch gewalt ist / sondern nur dienstparkeit und unterkeit" (Originalschreibweise).

Übrigens war Luther auch der Erste, der in seiner Übersetzung des Neuen Testaments den griechischen Begriff „ekklesía" nicht mehr mit „Kirche" übersetzte. Denn der neutestamentliche Inhalt des Wortes war mit dem, was er als Kirche erlebte, unvereinbar. Von der Allgemeinheit und Gemeinsamkeit her prägte er den Begriff der „Gemeine". In diese schmuggelte sich in späteren Zeiten dann noch ein „d" ein, hin zu „Gemeinde" (als das Wort „gemein" seine Bedeutung änderte).

Kapitel 2

Göttliche oder menschliche Einrichtung?

Der kirchliche Dreiklang

Das System der landläufigen „Gemeinden“ kreist im Denken der Leute um drei wesentliche Dinge: den/die Leiter, das Gebäude und den Gottesdienst.

Ob nun „Pfarrer – Kirche – Gottesdienst“ oder „Pastor – Gemeindezentrum – Versammlung“ oder wie die Bezeichnungen auch lauten mögen, letztlich ist es immer das gleiche System. Etwas altertümlich lässt es sich besonders schön mit „Gottesmann – Gotteshaus – Gottesdienst“ bezeichnen. Eine ehrliche Frage zur Selbstprüfung gleich vorweg: Das sind doch tatsächlich die üblichen Dinge, an die man denkt, wenn es um „Gemeinde“ geht, nicht wahr?

Und hinter diesen offenkundigen Dingen verstecken sich auch noch heimliche Machtzentren, wie Kirchenvorstände, Ältestenräte, Ausschüsse, Kirchenleitungen, Verbände, Synoden, Kurien, Prälaturen, Präsidien und wie sie alle heißen. Doch das registriert der einfache Christ oft nur am Rande; denn er ist mit dem vordergründigen Gemeindeleben bzw. Veranstaltungsprogramm vollauf beschäftigt. Und, wie gesagt, er ist ja sowieso nicht so wichtig.

Vielleicht überrascht oder schockiert es zunächst einmal, wenn ich hier sage, dass von all diesen eben erwähnten Dingen nichts in der Bibel steht, rein gar nichts. Natürlich muss ich das begründen. Dazu schreibe ich dieses Buch.

Dabei ist es natürlich schwieriger, zu beweisen, dass etwas *nicht* dasteht. Um das nachzuprüfen, muss man ja das ganze Neue Testament durchlesen – was ich jedem, der es ernst meint, dringend ans Herz lege.

Am besten, wir sehen uns jetzt einmal den genannten Dreiklang genauer an, einen Punkt nach dem anderen, und prüfen, wie die Dinge im Neuen Testament eigentlich gemeint sind und wie nicht:

Der Gottes-„Mann“

Der „Gottesmann“ im Neuen Testament kann auch weiblich sein. Er ist ein Mensch, der durch Jesus den Messias den Zugang zu Gott dem Vater gefunden hat. Und durch das Eintauchen in Heiligen Geist ist er zu einem Leben aus Gott mit all seinen Auswirkungen befähigt. Er ist also einfach ein ganz normaler Christ, wie er im Neuen Testament so gesehen, beschrieben und gewünscht wird.

> *„Es wird sein in den letzten Tagen“, sagt Gott, „da werde ich ausgießen von meinem Geist auf alle Menschen, und eure Söhne und eure Töchter werden prophetisch reden. Eure jungen Leute werden Visionen sehen, eure Älteren werden Träume träumen. Auch auf meine Sklaven und auf meine Sklavinnen werde ich zu jener Zeit ausgießen von meinem Geist.“ – Und sie werden prophetisch reden!* (Apostelgeschichte 2,17-18, zitiert nach Joel 3,1-5).

Kein Wunder, dass der Engel in der Offenbarung alle Christen Propheten nennt:

> *Ich bin (nur) dein Mitsklave und (Mitsklave)* ***deiner Geschwister, der Propheten,*** *derer, die sich an die Worte dieser Schriftrolle halten* (Offenbarung 22,9).

Und weiter:

> *... [Jesus], der uns liebt und uns mit seinem Blut aus unseren Sünden ausgelöst hat, der uns zu einem Königreich*

gemacht hat, ***zu Priestern*** *für seinen Gott und Vater ...* (Offenbarung 1,5-6).

Wen hat er zu einem Königreich und zu Priestern Gottes gemacht? Uns! In anderen Worten also: dich und mich und alle unsere christlichen Schwestern und Brüder.

Kein Wunder, dass wir alle auch „Geistliche" sind:

Wenn ein Mensch mit irgendeinem Fehltritt überrascht wird, Geschwister, dann müsst ihr, ***die geistlichen Menschen,*** *denjenigen wiederherstellen mit sanftem Geist!* (Galater 6,1).

Das sind im Neuen Testament also die Gottesmänner und -frauen, und es gibt dort keine speziellen zusätzlichen.

Jegliche Hierarchie hat Jesus in seiner Gemeinde ausdrücklich verboten:

So ist es aber nicht unter euch. Wer wichtig werden will unter euch, soll vielmehr euer Diener sein! Wer unter euch Erster sein will, soll Sklave von allen sein! (Matthäus 20,26-27; Markus 10,43-44).

Genauso hat er auch die gängigen religiösen Titel verboten:

Ihr aber sollt euch nicht „Rabbi" nennen lassen! ***Einer*** *ist nämlich euer Lehrer, ihr alle seid Geschwister. Und „Vater" soll niemand von euch sich nennen lassen auf der Erde!* ***Einer*** *ist nämlich euer Vater, der himmlische. Ihr sollt euch auch nicht „Leiter" nennen lassen! Denn euer Leiter ist* ***einer,*** *der Messias* (Matthäus 23,8-10).

„Rabbi" ist übrigens der offizielle Titel eines ordinierten „Geistlichen". Im Judentum ist er in Form von „Rabbiner" bis heute üblich. Im kirchlichen Christentum entspricht er den rechtlich gleichgestellten Titeln „Pfarrer" (von „Pfarrherr") und „Pastor". Tatsächlich haben weder Jesus noch seine Gesandten in der neutestamentlichen Gemeinde eine solche Form von Amtsträgern eingesetzt oder entsprechende Titel benutzt.

Die „Ordination“ zum „geistlichen Dienst“ geschieht im Neuen Testament an allen, die Jesus folgen, in der neuen Geburt durch das Eintauchen in Heiligen Geist:

> *Ihr werdet Kraft empfangen, indem der Heilige Geist auf euch kommt, und werdet meine Zeugen sein in Jerusalem, in ganz Judäa und Samaria und bis ans Ende der Erde* (Apostelgeschichte 1,8).

Die eben beschriebene Sicht der Gemeinde lässt sich auch bei Martin Luther deutlich belegen. In seiner Schrift „Von weltlicher Obrigkeit, wie weit man ihr Gehorsam schuldig sei“ von 1523 schreibt er:

> Unter den Christen soll und kann keine Obrigkeit sein. Sondern ein jeglicher ist zugleich dem anderen untertan, wie Paulus sagt Röm. 12: *„Ein jeglicher soll den anderen für seinen Obersten halten.“* Und Petrus 1. Petr. 5: *„Seid allesamt einander untertan!“* Das will auch Christus Lk. 14: *„Wenn du zur Hochzeit geladen wirst, so setze dich aller unterst an.“* Es ist unter den Christen kein Oberster, denn nur Christus selber und allein. Und was kann da für Obrigkeit sein, wenn sie alle gleich sind und einerlei Recht, Macht, Gut und Ehre haben? Dazu keiner begehrt, des anderen Oberster zu sein, sondern jeglicher will des anderen Unterster sein? Könnte man doch, wo solche Leute sind, keine Obrigkeit aufrichten, auch wenn man‘s gerne tun wollte. Denn die Art und Natur leidet es nicht, einen Obersten zu haben, wenn keiner Oberster sein will noch kann.[1]

In der Schrift „Eines großen Gottesgelehrten Gedanken über Herrn Gaßners Teufel-Austreibung“ von 1775 drückt Christian August Crusius es so aus: „Die Kirche heißt in der Schrift die Gemeine oder das Volk Gottes. Sie bestehet aus lauter Schülern und der einzige Meister ist Christus.“

Adolf Schlatter schreibt in seinem Buch „Die Geschichte des Christus“: „Ihren Grund hat die Gleichheit und Freiheit der

[1] In modernisierter Schreibweise.

Gemeinde in der Einzigartigkeit Gottes und des Christus. Durch seine Herrschaft ist sie von allen anderen Herrschaften frei und begehrt selber keine Herrschaft, sondern beugt sich in der Gewissheit, dass ihre Beugung ihre Größe sei. Das machte Jesus zum Motiv, aus dem sich die ganze Verfassung der Gemeinde ergab."

Über die im Neuen Testament tatsächlich vorhandenen Verantwortlichen in der Gemeinde, wie sie uns in den Gesandten von Jesus und in den Verantwortlichen bzw. Älteren der Gemeinden begegnen, werde ich weiter unten ausführlicher schreiben. Aber festhalten möchte ich an dieser Stelle: Es waren keine ordinierten Amtsträger, es war niemand, der „über" den anderen stand. In der christlichen Gemeinde gibt es weder „Aufstieg" noch „Karriere".

Das Gottes-„Haus"

Das letzte steinerne Gotteshaus im Neuen Testament war der Tempel in Jerusalem. Als Wohnstatt Gottes wurde er abgelöst, als Jesus am Kreuz das ein für alle Mal gültige Opfer darbrachte. Zu diesem Zeitpunkt zerriss der Vorhang vor dem Allerheiligsten im Tempel (s. Matthäus 27,51). Dieser zerrissene Vorhang symbolisierte, dass der Zugang zu Gott jetzt frei war – für jeden Menschen an jedem Ort.

Jesus hatte das einer samaritanischen Frau gegenüber vorausgesagt:

> *Glaube mir, Frau, es kommt eine Zeit, in der ihr weder auf diesem Berg noch in Jerusalem den Vater anbeten werdet ... Aber es kommt eine Zeit – und es ist jetzt –, dass die wahren Anbeter den Vater im Geist und in der Wahrheit anbeten. Und der Vater sucht ja solche, die ihn so anbeten. Gott ist Geist; und die, die ihn anbeten, müssen ihn im Geist und in der Wahrheit anbeten* (Johannes 4,21-23).

Adolf Schlatter schreibt in seinem Kommentar „Der Evangelist Matthäus" zu Matthäus 5,6: „Jesus bedurfte zum Gebet keinen geweihten Raum, nur Einsamkeit ... In der Freiheit von allen kultischen Satzungen stand die palästinische Kirche der paulinischen nicht nach. Matthäus hat ebenso wenig Kirchen gebaut als Paulus."

Jesus hat den überall gültigen Zugang zu Gott hergestellt, indem er ins himmlische Heiligtum ging:

> *Und nicht mit Blut von Böcken und Stieren, sondern mit seinem eigenen Blut ist er ein für alle Mal ins Heiligtum gegangen und hat ewige Erlösung erwirkt* (Hebräer 9,12).

Nun wird ein anderes „Haus Gottes" gebaut:

> *Lasst euch selbst als lebendige Steine aufbauen, als geistliches Haus, zu einer heiligen Priesterschaft, um geistliche Opfer darzubringen, die Gott willkommen sind durch Jesus den Messias* (1. Petrus 2,5).

Oder wie im Hebräerbrief in Bezug auf den Messias steht:

> *Sein Haus sind wir, wenn wir die Zuversicht und die Hoffnung, auf die wir stolz sind, behalten* (Hebräer 3,6).

Oder bei Paulus:

> *... damit du weißt, wie man im Haus Gottes verfahren muss, das ist die Gemeinde des lebendigen Gottes, Pfeiler und fester Grund für die Wahrheit* (1. Timotheus 3,15).

Die Gemeinde der Nachfolger von Jesus ist jetzt also das Haus Gottes – es gibt kein anderes auf der Welt.

Für öffentliches Lehren nutzte man im Neuen Testament auch öffentliche Räume: Die Halle Salomos in Jerusalem, Synagogen an verschiedenen Orten, das Haus des Titius Justus (s. Apostelgeschichte 18,9), den Lehrsaal des Tyrannos (s. Apostelgeschichte 19,9). Das waren aber keinesfalls „gemeindeeigene Gotteshäuser". Es waren öffentliche oder private Gebäude, die man zweckmäßig nutzte, wie es gerade nötig und möglich war.

Die Häuser, in denen sich ein „Gemeindeleben" dann tatsächlich abspielte, waren die Häuser und Wohnungen der

Gläubigen. Das wären dann noch am ehesten steinerne „Gotteshäuser“, wenn man so will. Aber auch diese Sichtweise findet man im Neuen Testament nicht.

Wohlgemerkt: Das alttestamentliche Konzept des Tempelgottesdienstes war abgeschafft. Und auch das spätjüdische, menschengemachte Konzept des Synagogengottesdienstes war abgeschafft. – Womit wir beim nächsten Thema wären:

Der Gottes-„Dienst“

Auch was „Gottesdienst“ ist, steht ausdrücklich und klar im Neuen Testament. Paulus hat es so formuliert:

> *Ich ermutige euch also, Geschwister, wegen des Erbarmens Gottes, dass ihr eure Leiber zur Verfügung stellt als Opfer, lebendig, heilig und Gott wohlgefällig, als eure Gottesverehrung, die dem Wort entspricht* (Römer 12,1).

Das Wort „latreía“, das hier mit „Gottesverehrung“ übersetzt ist, würde am ehesten dem deutschen „Gottesdienst“ entsprechen. Es ist fast überflüssig, zu bemerken, dass diese Art des „Gottesdienstes“, die Paulus beschreibt, natürlich nichts mit ein oder zwei organisierten Veranstaltungen pro Woche zu tun hat.

Die neue Form der Gottesverehrung im neuen „Haus Gottes“ beschreibt Jakobus so:

> *Eine Gottesverehrung, die rein und unbefleckt ist bei Gott dem Vater, ist die: nach Waisen und Witwen zu schauen in ihren Schwierigkeiten, sich selbst unbefleckt zu halten von der Welt* (Jakobus 1,27).

Vielleicht lässt sich das Prinzip so formulieren: Wir dienen Gott, indem wir für ihn und füreinander da sind. Gott dient uns, indem er direkt und durch unsere Geschwister für uns da ist. Eine zeremoniell ablaufende Veranstaltung abzuhalten und sie dann auch noch „Gottesdienst“ zu nennen, das wäre in der neutestamentlichen Gemeinde keinem eingefallen.

Auch Martin Luther hat in seiner frühen Zeit diese Sache so gesehen. In seiner Schrift „Das Magnificat verdeutschet und ausgelegt" schreibt er:

> „... wie wohl man jetzt leider das Wörtlein Gottes Dienst so in einen fremden Verstand und Brauch hat bracht, dass wer es hört, gar nichts an solche Werk denkt, sondern an den Glockenklang, an Stein und Holz der Kirchen, an das Rauchfass, an die Flammen der Lichter, an das Geplärre in den Kirchen, an das Gold, Selden, Edelstein der Chorkappen und Messgewänder, an die Kelche und Monstranzen, an die Orgeln und Tafeln, an die Prozession und Kirchgang, und das Größest: An das Maulplappern und Pater-Noster-Stein-Zählen. Dahin ist Gottes Dienst leider kommen, davon er doch so gar nichts weiß ..."[2]

Natürlich gab es in der neutestamentlichen Gemeinde regelmäßige, auch tägliche Treffen, Versammlungen, Zusammenkünfte, oder wie wir es nennen wollen. Wie es da in etwa zuging, können wir bei Paulus nachlesen:

> *Wie ist es denn, Geschwister, wenn ihr zusammenkommt? Jeder hat ein Lied, hat eine Lehre, hat eine Offenbarung, hat eine Gebetssprache, hat eine Deutung. Alles soll geschehen, um aufzubauen! Wenn jemand in einer Gebetssprache spricht, auch zwei oder höchstens drei, dann der Reihe nach, und jemand soll übersetzen. Wenn aber kein Übersetzer da ist, soll er in der Gemeinde schweigen. Für sich selbst soll er aber sprechen und für Gott. Propheten sollen zwei oder drei sprechen, die anderen sollen beurteilen. Wenn einem anderen, der dasitzt, etwas offenbart wird, soll der Erste schweigen. Ihr könnt doch – je einer – alle prophetisch sprechen, damit alle lernen und alle ermutigt werden* (1. Korinther 14,26-31).

---

[2]Schreibweise leicht modernisiert. https://www.luther-akademie.de/deutsch/publikationen/lutherzitate/wa-tr-6/lutherzitate-wa-tr-6.html

Es würde mich sehr wundern, wenn jemand in dieser Beschreibung den ihm bekannten „Gottesdienst“ irgendwie wiederfinden würde. Auf jeden Fall wäre zur Zeit des Neuen Testaments niemand auf den Gedanken gekommen, diese Treffen der Christen als „Gottesdienst“ zu bezeichnen.

Übrigens: Die theologisch Gebildeten wissen über diese Dinge Bescheid. Ein Beispiel aus dem Evangelischen Gemeindeblatt für Württemberg: In der Ausgabe vom 22./29.12.2002 hat dort eine Frau Lieselotte Ottmar in der Antwort auf eine Leseranfrage geschrieben: „Als sich die ersten christlichen Hausgemeinden trafen, war dies ein miteinander Leben, Glauben und Beten. Essen und Trinken wurden geteilt. Hoffnungen und Erwartungen wurden besprochen. Die Mitte des Treffens war die Botschaft Jesu.“

Liebe Frau Ottmar, Sie haben dieses Zusammensein einigermaßen richtig beschrieben, aber niemand wäre damals auf die Idee gekommen, es als „Gottesdienstfeier“ zu bezeichnen, wie Sie es im Satz davor getan haben. Dieses Treffen war Ausdruck der Gemeinschaft, die Jesus mit seinen Jüngern gelebt und ihnen für alle Zukunft mitgegeben hat.

Jetzt kommt allerdings das Aber

Bis hierher müssten mir die theologisch Gebildeten von der Sache her prinzipiell Recht geben. Vielleicht würde ihnen mein Stil nicht so gefallen, meine Intention oder die Plattheit meiner Argumentation. Aber zugeben müssten sie, dass diese Informationen, was das Neue Testament betrifft, prinzipiell richtig sind. Tatsächlich wissen sie genau, dass es die erwähnten Dinge zur Zeit des Neuen Testaments nicht gab: Kirchengebäude, eine besondere Geistlichkeit und gesteuerte, zeremoniell ablaufende Gottesdienste.

Man könnte jeden Professor für Neues Testament oder Kirchengeschichte fragen. Von der historisch-wissenschaftlichen Erkenntnis her müsste er das alles bestätigen. Vielleicht würde er sogar milde darüber lächeln, dass solche Dinge für jemanden überhaupt eine Frage sein können. In der theologischen Forschung sind sie allgemein bekannt und anerkannt.

Ein einfacher bibeltreuer Christ könnte jetzt vielleicht meinen, dass die Dinge dann doch klar seien. Man müsste sich jetzt nur noch danach richten. Eigentlich hätte er damit recht, doch jetzt kommt das Aber.

In den verantwortlichen und gebildeten Schichten der Christenheit weiß man, dass das alles so war, *aber* …

Zunächst kommen historische Argumente:

Aber die wachsenden Gemeinden entwickelten dann eben doch eine Leitung. Die wachsenden Gemeinden bauten dann aber doch ihre Versammlungshäuser. Die Gefahr von Irrlehren und Unordnung brauchte dann aber doch die notwendige starke Hand von Bischöfen und Patriarchen …

Dann kommen Nützlichkeitsargumente:

Es war eben viel praktischer, besser und nützlicher, dass die Verantwortung auf wenige Zuverlässige verteilt wurde, dass sich größere Versammlungen bildeten, dass größere Gebäude dafür gebaut wurden, dass geistliche Autoritäten ihre Zuständigkeitsbereiche absteckten und gemeinsam für das Wohl und den rechten Weg der Kirche sorgten …

Siehst du, da ist mir jetzt das Wort „Kirche“ entschlüpft – bei der Beschreibung dessen, was *nach* den Geschehnissen kam, die im Neuen Testament beschrieben sind. Da fällt mir das geflügelte Wort ein, das zur Zeit meines Theologiestudiums unter den Studienkollegen zirkulierte: „Jesus verkündete das Reich Gottes, und was kam, war die Kirche.“

Und dann wird die Sache auch noch vergeistlicht:

> Diese Entwicklung muss Gott ja wohl so gewollt haben. Der Heilige Geist sei der Gemeinde gegeben gewesen und habe diese Weiterentwicklungen offenbart und geleitet. Dieser Schutz durch geistliche Autoritäten, Gebäude und zuletzt sogar durch den Staat sei doch ein großer Segen gewesen – bis heute. Wir sind Gott so dankbar, dass wir uns so frei und ungestört hinter unseren Mauern und unter unseren Predigern versammeln dürfen …

Darf ich anfügen: „... und uns selbst keine Gedanken mehr machen müssen ... und selbst nicht mehr den Kopf hinhalten müssen ... und schön bequem Leute dafür bezahlen können, dass sie das tun, was eigentlich unsere eigene Angelegenheit wäre ...“

Und wenn dann etwas nicht läuft, wie es laufen sollte, haben wir praktischerweise auch gleich die Schuldigen zur Hand. Für unsere Ausreden, warum etwas nicht geht, wie es sollte, erweist sich das ja auch als recht hilfreich.

Ich möchte hier zur Illustration ein kleines Beispiel für diese Aber-Argumentation anfügen, das mir zufällig in die Hände gekommen ist. Man sieht daran, wie dies auch von hoher Stelle so praktiziert wird:

Der damalige Landesbischof der Evangelischen Landeskirche in Württemberg, Dr. Gerhard Maier, ein evangelikaler Theologe, veröffentlichte 2002 einen Weihnachtsbrief „an die Gemeindeglieder“. Darin hatte er auch einen Abschnitt mit dem Titel „Missionarische Chancen der Volkskirche“. (Zur Information: „Volkskirche“ nennt man die Form von Kirche, in der aufgrund geschichtlicher Tradition möglichst viele vom „Volk“ eines Landes, einer Gegend oder Stadt Mitglieder sind oder sein sollten, ohne dass sich die Masse der Leute je selbst dafür entschieden hat.)

In diesem Abschnitt schreibt Dr. Maier also über diese Form von Kirche unter anderem Folgendes:

> Sicher hat das Konzept der Volkskirche viele Schwächen. Es ist auch kein Modell, das uns die Bibel in jedem Falle zwingend vorschreibt. Aber (!) die Freiheit für die Wirkungsmöglichkeiten in der Öffentlichkeit und die Selbstverständlichkeit, mit der man alle Menschen im Lande auf das Thema Glauben ansprechen kann, sind unschätzbare Vorteile einer Volkskirche.

Das Aber habe ich mit einem Ausrufezeichen markiert, damit es auch ja gleich auffällt. Laut Bischof Dr. Maier hat die Volkskirche also sicher „viele Schwächen“ und ist von der Bibel „nicht vorgeschrieben“ (abgesehen davon, dass sie Jesus und seinen Gesandten nie in den Sinn gekommen wäre!). **Aber** sie hat angeblich positive Möglichkeiten. Dieses Beispiel gehört in die Kategorie, die ich oben als „Nützlichkeitsargumente" bezeichnet habe.

Schrift und Tradition

Wir sind auf eine eigenartige Tatsache gestoßen: In der eben dargestellten Aber-Sicht erscheinen Lehre und Praxis von Jesus und seinen Gesandten als nicht ganz genügend, zumindest, was Struktur und Funktion der Gemeinde betrifft. So, als ob es irgendwie nötig gewesen wäre, sie weiterzuentwickeln, zu ergänzen oder zu korrigieren. Oder als klinge das alles zu extrem, radikal und überzogen, und man komme zu dem Schluss, es sei nicht machbar, nicht wirklich realisierbar, weltfremd, am Ende sei es zwangsläufig gescheitert. Das *musste* sich ja alles anders entwickeln ...

Deswegen kommt zur Schrift dann die Tradition – die Tradition der (jeweiligen) Kirche. Die katholische Kirche lehrt es ganz eindeutig und offen: Die Bibel und die Tradition der Kirche stehen gleichwertig nebeneinander. – Und es ist leicht zu erraten, wer von den beiden im Zweifelsfall recht hat ...

Die protestantischen Kirchen und Freikirchen haben es da nicht ganz so einfach. Offiziell stehen sie nämlich allein auf dem Boden der Heiligen Schrift. „Sola scriptura" ist der Begriff, mit dem Luther das auf Lateinisch gesagt hat. Aber faktisch haben sie sich mit ihren „historisch gewachsenen" Strukturen in Lehre, Organisation und Leitung ebenfalls häuslich eingerichtet. Und sie haben sich damit so festgelegt, dass keine biblisch begründeten grundlegenden Änderungen mehr möglich sind. Wer das nicht glaubt, sollte es einfach einmal an passender Stelle mit entsprechenden Änderungsvorschlägen versuchen. Er wird schnell erkennen, dass da nichts geht.

Faktisch stehen wir vor einer eigenartigen Tatsache. Wir haben die Lehre der Gesandten von Jesus, die diese von ihm persönlich empfangen haben. Aber in unserer gewohnten Gemeindepraxis hat diese Lehre keine normative Funktion. Die Frage, ob wir Gott wirklich gehorsam sind, ob wir Jesus wirklich nachfolgen, wird verdrängt. Ob das, was wir in der „Gemeinde" so tun, Gottes Gedanken und Plänen entspricht, will keiner so genau wissen.

Es entsteht oft folgende aberwitzige Situation: Einfache Christen an der Basis versuchen ernsthaft und naiv, einfach den Willen Gottes zu tun. Und ihre Verantwortungsträger, Leitungen, Ordnungen und Kirchengesetze sind ihnen dabei hinderlich und stellen sich ihnen in den Weg.

Stellen wir hier aber einmal die wichtige Frage, wie weit wir Gottes Willen wirklich tun sollten. Und ich möchte dabei Jesus selbst zu Wort kommen lassen:

> *Nicht jeder, der mir sagt „Herr, Herr!", wird in das Königreich der Himmel hineingehen, sondern wer den Willen meines Vaters in den Himmeln tut. Viele werden mir sagen an jenem Tag: „Herr, Herr! Haben wir nicht mit deinem Namen prophetisch gesprochen, mit deinem Namen dämonische Geister hinausgeworfen, mit deinem Namen viele Kraftwirkungen getan?" Dann werde ich ihnen bekennen: „Ich habe euch nie gekannt! Weicht von mir, die ihr das Unrechte tut!"*
> *Jeder, der auf diese meine Worte hört und sie tut, wird nun einem vernünftigen Mann gleichen, der sein Haus auf den Felsgrund baute. Als dann der Regen herabkam und die Wasserströme kamen und die Windstöße wehten und jenes Haus anfielen, da fiel es nicht, denn es war auf den Felsgrund gegründet. Und jeder, der auf diese meine Worte hört und sie nicht tut, wird einem weniger klugen Mann gleichen, der ein Haus auf den Sand baute. Als dann der Regen herabkam und die Wasserströme kamen und die Windstöße wehten und an jenes Haus stießen, da fiel es, und sein Einsturz war groß* (Matthäus 7,21-27).

Also: hören und tun! Nicht: hören und ändern, ergänzen, weiterentwickeln, korrigieren oder Ähnliches. Kein Wunder, dass es gleich anschließend heißt: „*Als Jesus diese Worte beendet hatte, da waren die vielen Menschen erstaunt über seine Lehre"* (Matthäus 7,28).

Gegenüber dem klaren Willen Gottes ließ Jesus keinen Spielraum für eigene Interpretationen, Weiterentwicklungen und theologische Diskussionen. Das war für die organisierte Religion mit ihrer Anhängerschaft offenbar schon damals entsetzlich.

Wenn Jesus heute lebte

Wir wollen die geläufigen Formen des heutigen Christentums einmal einem gedanklichen Test unterziehen:

Angenommen, Jesus würde heute bei uns auftauchen – als Mensch, wie er damals gelebt hat. Und er wäre tatsächlich der richtige, originale Jesus, ohne Zweifel. (Dieses gedankliche Experiment hat Fjodor Dostojewskij in seiner Phantasie „Der Großinquisitor" in eindrucksvoller Weise gemacht: Jesus kommt ins mittelalterliche Sevilla, und der mächtige Kardinal-Großinquisitor lässt ihn zum Wohle des Volkes verhaften und einsperren.)

Können wir uns vorstellen, eine Kirche würde ihn zum Bischof oder Papst wählen? Eine Freikirche würde ihn zum Vorsitzenden oder Präses machen? Eine Gemeinde würde ihn als allein leitenden Pastor einsetzen? (Und dann sind die Posten ja alle auch besetzt und die Leute müssten den Platz freimachen ...) Und selbst wenn das Unvorstellbare geschähe und man ihm tatsächlich eine Leitungsposition überließe: Können wir uns vorstellen, dass man seine Änderungswünsche ohne Wenn und Aber sofort befolgen und umsetzen würde? Abgesehen davon, dass Jesus einen solchen „Posten" aus Prinzip nie annehmen würde ...

Realistisch kann man sich das überhaupt nicht vorstellen. Die Wahrheit ist, es bräche Chaos aus, Verwirrung, Diskussionen, Spaltungen und Schlimmeres. Denn Jesus einfach zu gehorchen, ist man nicht gewohnt, zumindest nicht ohne Sitzungen, Diskussionen, Abwägen, darüber Beten, Nachfragen und wie der Ungehorsam landläufig so verschleiert wird. Aber für den *einfachen* Gehorsam wäre es dann sowieso immer schon zu spät.

Ich bin überzeugt, dass man den leibhaftig anwesenden Jesus so behandeln würde. Warum? Weil der im Geist anwesende auferstandene Jesus auch so behandelt wird. Mit einem anderen Beispiel möchte ich diesen Zustand noch einmal deutlich machen:

Manche Gemeinden, besonders im freikirchlichen Bereich, halten für neue Besucher eine Broschüre bereit, worin sie sich ihnen vorstellen, mit schönen Bildern, Terminplan, Aktivitäten, Glaubensgrundsätzen etc., damit sie das richtige positive Bild von der Gemeinde bekommen sollen. Natürlich betreibt man auch eine professionell gestaltete und gepflegte Homepage mit diesen Inhalten. Als ein Pastor einmal bei anderen Gemeinden nach solchen Heften oder Prospekten nachfragte, um Vorlagen für eigene zu bekommen, die er machen wollte, kam mir diese Idee: Ich schrieb ihm sinngemäß, warum sie den Besuchern als Vorstellung ihrer „biblischen" Gemeinde nicht einfach ein Neues Testament in die Hand drückten, als Ausdruck dessen, was sie sind und wie es bei ihnen zugeht? Ich bekam keine Antwort darauf. Und natürlich ist dieser Gedanke absurd. Anspruch und Wirklichkeit liegen viel zu weit auseinander.

Könnten wir es uns bei einer der üblichen „Gemeinden" tatsächlich so vorstellen? Leuten einfach zu sagen: „Lest das Neue Testament, und dann wisst ihr, was wir sind und was wir machen"? Wenn es tatsächlich irgendwo so etwas gibt, möchte ich darüber Bescheid bekommen – diese Gemeinde muss ich kennenlernen!

Kapitel 3

Die Verantwortung des Einzelnen

Richtig oder falsch?

Es gibt ein Grundproblem, auf das ich immer wieder stoße, wenn ich mit Leuten über Dinge wie die eben genannten spreche: Wir sind nicht gewohnt, in den Grundkategorien von „richtig“ und „falsch“ in Gottes Sinne zu denken. Und wir sind vor allem nicht gewohnt, daraus Konsequenzen zu ziehen.

Wenn ich zum Beispiel zur Diskussion stelle, dass die Gemeinden des Neuen Testaments sicherlich keine Pastoren in unserem heutigen Sinn hatten, dann höre ich keine Argumente darüber, ob diese Aussage gemessen am Wort Gottes richtig oder falsch sei. Ich höre vielmehr Erfahrungen, wie: „Unser Pastor ist aber sehr nett und bemüht sich wirklich.“ Ich höre Bekenntnisse, wie: „Ich bin für mein Leben gern Pastor.“ Oder ich höre Satzungszitate wie: „Die Freikirche XY bekennt sich zum geistlichen Dienst der ordinierten Amtsträger.“ Und natürlich gibt es auch Nützlichkeitsargumente, wie: „Es ist aber sehr nützlich, sich in der Öffentlichkeit als regulärer Pastor ausweisen zu können.“ Ich wollte aber gar nicht hören, ob die Sache nett, erfreulich, satzungsgemäß oder nützlich sei. Ich wollte hören, ob sie *richtig* und dem Neuen Testament entsprechend sei – oder womöglich falsch.

Leider lassen sich nicht viele auf diese Fragestellung wirklich ein. Denn sie zieht sofort entsprechende Konsequenzen nach sich. Wenn es z. B. nicht *nützlich* wäre, Pastor zu sein, könnte ich mich trotzdem noch auf die Tradition, die „Schönheit des

Dienstes" oder was auch immer berufen, um weiterzumachen wie bisher. Wenn es sich aber herausstellte, dass es *nicht richtig* wäre, dann hätte ich auf der Stelle keine Rechtfertigung mehr, Pastor zu sein, und müsste mir einen anderen Lebensunterhalt suchen. Peinliche Konsequenzen ...

Ich weiß, dass es in vielen Bereichen Dinge gibt, die man so oder so sehen oder machen kann. Oft gibt es gerade in solchen Dingen unnötige Auseinandersetzungen (der Klassiker: Aus welchem Liederbuch wird gesungen?). Aber es gibt auch Dinge, in denen Gott, Jesus oder seine Gesandten genau gesagt haben, wie sie es wollen und wie es sein soll. Und hier wäre einfacher, sofortiger und völliger Gehorsam die einzig richtige Reaktion. Leider erfordern gerade diese Dinge oft solche lästigen und unbequemen Konsequenzen.

Aber darüber hat Jesus ja auch gesprochen:

> *Wenn jemand mir nachgehen will, muss er sich selbst verleugnen, täglich seinen Kreuzigungsbalken tragen und mir folgen. Wenn jemand sein Leben retten will, wird er es freilich verlieren. Wenn jemand sein Leben aber loslässt und verliert wegen mir und wegen der guten Botschaft, wird er es finden und retten* (Matthäus 16,24-25; Markus 8,34-35; Lukas 9,23-24).

Also noch einmal: Bei der Frage „richtig oder falsch" gibt es keine Ausreden. Das Richtige muss getan werden, das Falsche muss gelassen werden. Wer Jesus folgt, muss dafür sein Leben riskieren. Billiger gehts nicht. Hier muss jeder für sich persönlich die richtigen Entscheidungen treffen und die Prioritäten setzen.

Die Frage der Verantwortung

Hier stellt sich deutlich die Frage nach der Verantwortung. Wer ist in vollem Sinne verantwortlich für dein Leben? Die richtige Antwort heißt: du! Hundertprozentig du selbst. Das ist die Würde des Menschen, dass Gott ihn persönlich ganz und gar ernst nimmt, aber ihn damit auch als voll verantwortliches Gegenüber sieht und behandelt. Das heißt: Die Gestaltung des Lebens mit oder ohne Gott ist in die persönliche Verantwortung jedes Einzelnen gestellt.

Obwohl das sinnvoll und einleuchtend klingt, hat die „christliche" Tradition da aber ganz andere Ansichten: Sie bietet eine Fülle von „geistlichen" Obrigkeiten, Richtlinien, Abläufen und Angeboten, denen man ohne viel Nachdenken einfach folgen soll, weil sie vorgeben, von vornherein richtig zu sein. Das kirchliche Lehramt, die Ordnung der Kirche oder die freikirchliche Gemeindeleitung haben aufgrund „göttlicher" Einsetzung oder historischer Tradition einfach recht.

Die Verantwortung für die Gestaltung des christlichen Lebens wird dem Einzelnen abgenommen, er wird zum Mitläufer oder Mitglied degradiert. Natürlich lässt man ihm auch noch eine „Verantwortung", aber nur die zum Mitlaufen, nicht die zum Gestalten. Für die größeren Dinge von Gottes Königreich ist er einfach nicht zuständig, das sind andere. Und manchmal sind diese anderen sogar schon lange tot, doch man muss sich durch ihre Theologien, Ordnungen und Traditionen immer noch nach ihnen richten.

Ich bin überzeugt, dass jeder ernsthafte Christ in seinen gewohnten Zusammenhängen schon öfters mit dem Eindruck beschäftigt war, dass da „etwas nicht stimmt". Aber er konnte es nicht richtig erklären, durchschauen oder gar zur Sprache bringen. Und wenn doch, dann stieß er auf die Mauer, dass er dafür gar nicht zuständig sei und konnte nichts daran ändern.

Die einfache Antwort an einfache Christen in solchen Situationen heißt dann oft: „Ihr müsst dafür beten!" Und wenn sie das verinnerlicht haben, sagen sie selbst: „Wir müssen dafür beten!" Und wenn sich auf ihr Gebet hin jahrelang nichts verändert, sagen sie: „Wir müssen mehr beten!" Auf diese perfide Art wird das Gebet zum Ersatz für den Gehorsam. Gehorchen (die nötigen Änderungen herbeiführen) können wir nicht, also beten wir eben. Und wenn's nicht hilft, dann beten wir mehr, und dann noch mehr ... Der Verantwortung für die Gestaltung beraubt, wird ihnen eine Pseudo-Verantwortung fürs Gebet aufgedrückt.

Und wenn sich dann immer noch nichts ändert, liegt's an ihnen, weil sie nicht genug oder nicht richtig beten. Und alles bleibt natürlich beim Alten. Die eingefahrenen Machtstrukturen (um nichts anderes handelt es sich) bleiben unbehelligt und unverändert. Abgesehen davon wird hier auch eine völlig unbiblische Konzeption des Gebets gelehrt und praktiziert.

Die Frage nach der Verantwortung ist letztlich die Frage nach der Autorität bzw. der Macht. Wer hat Macht über dein Leben? Die neutestamentliche Antwort auf Fremdbestimmung ist nicht das Beten, sondern das Sich-Entziehen.

Der Macht des Teufels entziehen wir uns durch die Unterstellung unter Gottes Herrschaft und durch das Absetzen der Götzen in unserem Leben (s. Jakobus 4,7-8).

Der Macht von staatlichen Autoritäten ordnen wir uns willig unter, wie es in Römer 13 und 1. Petrus 2 gelehrt wird. Aber wenn der Fall eintritt, dass wir Gott mehr gehorchen müssen als den Menschen, entziehen wir uns ihnen durch zivilen Ungehorsam, durch die Bereitschaft zum Leiden oder durch Flucht.

Dem Machtanspruch einzelner Menschen entziehen wir uns durch klärende Kommunikation, Grenzziehung und gegebenenfalls klaren Abstand.

Und dem Machtanspruch kirchlicher Systeme oder „geistlicher" Leiter sollten wir uns nicht entziehen?

Mit dem Sich-Entziehen sind wir an ein zentrales Thema dieses Buches gekommen. Denn ich kann mich nicht entziehen, wenn ich nicht irgendwo einen Freiraum habe, wohin ich mich entziehen kann. Das Thema der Verantwortung ist eng verbunden mit dem Thema Freiheit.

Freiheit

> Freiheit bedeutet Verantwortlichkeit. Das ist der Grund, weshalb die meisten Menschen sich vor ihr fürchten.
>
> George Bernard Shaw

Freiheit ist, wie Gnade, Liebe und Hoffnung, eines der großen, wichtigen Dinge, die Jesus uns gebracht hat. Sie ist eines der großen Themen im Neuen Testament:

> *Ihr werdet die Wahrheit erkennen, und die Wahrheit wird euch frei machen. […] Wenn euch also der Sohn frei macht, werdet ihr wirklich frei sein* (Johannes 8,32.36).
>
> *Wo der Geist des Herrn ist, ist Freiheit* (2. Korinther 3,17).
>
> *Für die Freiheit hat uns der Messias frei gemacht. Seid also standhaft, und lasst euch nicht wieder unter einem Joch der Sklaverei festhalten!* (Galater 5,1).
>
> *Ihr wurdet doch zur Freiheit gerufen, Geschwister. (Nehmt) nur die Freiheit nicht als Anlass für die menschliche Natur, sondern dient einander wie Sklaven durch die Liebe* (Galater 5,13).

Die von Jesus geschenkte Freiheit hat im Wesentlichen drei Richtungen (nachzuprüfen in den Zusammenhängen der eben angegebenen Bibelstellen):

- Freiheit von Sünden,
- Freiheit von religiösen Gesetzen und Traditionen,
- Freiheit von Menschen, die uns mittels verschiedenster solcher Gesetze und Traditionen gerne unter ihrer Fuchtel haben und halten wollen.

Unter „Fuchtel" verstehe ich hier die ganze fein ausdifferenzierte Bandbreite von menschlicher Bevormundung: Autorität, Leiterschaft, Kontrolle, Aufsicht, Verantwortung, Führung, Belehrung, Bemutterung, Betreuung, Fürsorge, Abdeckung, Schutz, Beheimatung etc. Und mit welchen Begriffen man die Vorherrschaft von Menschen über Menschen in christlichen Kreisen sonst noch so bemäntelt.

Paulus hat das Nachgeben gegenüber menschlichen Machtansprüchen sehr deutlich getadelt:

> *Ihr ertragt die Unvernünftigen ja gern, ihr, die ihr „vernünftig“ seid. Ihr ertragt es nämlich, wenn euch jemand unter seine Herrschaft bringt, wenn euch jemand auffrisst, wenn euch jemand in die Hand bekommt, wenn sich jemand über euch erhebt, wenn euch jemand ins Gesicht prügelt* (2. Korinther 11,19-20).

Man beachte, dass Paulus die Leute mit einem derartigen Machtanspruch als „Unvernünftige“ bezeichnet. – Von den Geheimnissen und der Wahrheit des Königreichs Gottes verstehen sie nichts, wollen aber geistliche Leiter sein. Den Vorwurf erhebt er aber nicht gegen diese unvernünftigen „geistlichen“ Gewalttäter. Er erhebt ihn gegenüber denen, die sich das von ihnen gefallen lassen. Offensichtlich sollten sie es besser wissen und offener Widerstand wäre das Gebot der Stunde.

Auch er selbst hat sich gegen jede Art frommer Freiheitsberaubung vehement zur Wehr gesetzt:

> *Was aber die eingeschleusten falschen Brüder betrifft, die sich eingeschlichen hatten, um unsere Freiheit auszukundschaften, die wir im Messias, Jesus, haben, um uns unter ihre Herrschaft zu bringen: Denen haben wir uns keinen Augenblick nachgiebig untergeordnet, damit die Wahrheit der Botschaft für euch bestehen bleibt* (Galater 2,4-5).

Bitte noch einmal beachten: Es geht hier laut Paulus nicht um ein Randgebiet des christlichen Glaubens, sondern um die Wahrheit der guten Botschaft!

Die Freiheit, von der hier gesprochen wird, ist die Freiheit des Lebens im Heiligen Geist. Im Heiligen Geist stehen wir in direkter Beziehung zu Gott, erkennen seinen Willen und seine Pläne und folgen ihm gerne. Dazu haben wir uns in unserer Bekehrung ja auch entschieden.

Diese neue Lebensart wird von Paulus auch als „Gesetz des Geistes“ bezeichnet:

> *Das Gesetz des Geistes des Lebens im Messias, Jesus, hat dich frei gemacht vom Gesetz der Sünde und des Todes* (Römer 8,2).

Jakobus verwendet für die Darstellung dieses Sachverhalts die paradox erscheinende Formulierung „Gesetz der Freiheit“:

> *Wer aber in das vollkommene Gesetz der Freiheit hineinschaut und dabei bleibt und kein vergesslicher Hörer, sondern ein Täter des Werks ist, der wird glücklich sein in seinem Tun!* (Jakobus 1,25).
>
> *So müsst ihr sprechen, und so müsst ihr es tun – die ihr durch das Gesetz der Freiheit beurteilt werden sollt* (Jakobus 2,12).

Freiheit ist im Königreich Gottes also keine Beliebigkeit, sondern Gesetz. Und das ist der Grund, warum hier alles nur freiwillig geschieht:

> *Jeder (soll geben), wie er sich im Herzen entschieden hat – nicht mit Traurigkeit oder aus Zwang, Gott liebt doch „einen fröhlichen Geber“* (2. Korinther 9,7).
>
> *Ohne deine Meinung wollte ich aber nichts tun. Dein Gutes sollte ja nicht wie aus Zwang geschehen, sondern in Freiwilligkeit* (Philemon 14).
>
> *Hütet die Herde Gottes bei euch und achtet auf sie, nicht mit Druck, sondern Gott entsprechend in Freiwilligkeit!* (1. Petrus 5,2).

Das Leben mit Jesus ist also ein Leben in Freiheit und Freiwilligkeit. Warum diese Freiheit gar nicht so attraktiv ist, hat das obige Zitat von George Bernard Shaw ganz gut erklärt: Sie bringt Verantwortung mit sich. Und warum übernehmen Menschen nicht gerne Verantwortung? Das ist das Geheimnis der Unmündigkeit:

Mündig oder unmündig?

Dass viele Menschen in ihrer Persönlichkeit nie wirklich erwachsen und mündig werden, ist einerseits ein Geheimnis der menschlichen Fehlerhaftigkeit, andererseits liegt es auch an unsichtbaren Kräften und Mächten, die versuchen, Menschen in Abhängigkeiten zu bringen und zu halten.

Dieses Geheimnis des Hangs zur (oft scheinbar bequemen) Unmündigkeit lässt sich in vielen Bereichen feststellen. In familiären Angelegenheiten wie auch auf hohen politischen oder wirtschaftlichen Ebenen geht es oft regelrecht kindisch zu: Verantwortlichkeiten werden nicht geregelt oder nicht wahrgenommen. Die Schuld wird anderen zugeschoben. In der Sache wird nicht vernünftig, sachgerecht und ehrlich miteinander kommuniziert. Und das Beste wird nicht einfach und schnell entschieden, manchmal auch gar nicht.

Leider sind solche Verhaltensweisen auch aus christlichen Bereichen bekannt. Und diese Problematik begegnet uns sogar schon im Neuen Testament:

> *Obwohl ihr von der Zeit her doch Lehrer sein müsstet, habt ihr es wieder nötig, dass man euch lehrt, welches die Grundelemente der Worte Gottes sind. Ihr seid solche geworden, die Milch nötig haben und kein festes Essen. Jeder, der Milch bekommt, kann ja noch nicht richtig sprechen, weil er ein kleines Kind ist* (Hebräer 5,12-13).

Bitte beachten: Unmündigkeit von Christen wird hier nicht toleriert, sondern zum Vorwurf gemacht.

Dass Christen ihr Glaubensleben als geistliche Babys beginnen, ist auch im Neuen Testament eine anerkannte Tatsache. Aber so sollte es nicht bleiben:

> *... bis wir alle hinkommen in die Einheit des Glaubens und der klaren Erkenntnis des Sohnes Gottes, in (die Reife) eines erwachsenen Menschen, in das Maß der vollen Lebensgröße des Messias, damit wir nicht mehr unmündig seien, getrieben und umherbewegt von jedem Wind der Lehre im*

schlauen Spiel der Menschen, das auf den Abweg zur Verirrung (führt) (Epheser 4,13-14).

Ein mündiger Christ kann nur ein freier und verantwortlicher Christ sein, der weiß, worum es geht. Und dafür muss er sich entschieden haben, auch geistlich auf eigenen Füßen zu stehen.

Das kirchliche/freikirchliche System dagegen hat die Hauptverantwortung auf „höhere" Ebenen verlagert. Da der Großteil der Mitglieder auf der unteren Ebene bleibt, ist die primäre Folge daraus, dass für sie bleibende Unmündigkeit programmiert ist. Die oft beklagten Rebellen und Unruhestifter in den Gemeinden sind häufig einfach Christen, die sich mit der ihnen zugeteilten untergeordneten Rolle nicht abfinden wollen. Sie legen sich dann, allerdings vergebens, in irgendeiner Form mit dem System an – oder steigen irgendwann aus.

Die sekundäre Folge daraus ist, dass Leute auf den höheren Ebenen, die sich ja aus den unteren rekrutieren müssen, auch nicht mündig sind. Man versucht zwar, anstelle des nicht stattfindenden geistlichen Wachstums durch Ausbildung und Schulung Leute irgendwie zu qualifizieren. Aber auf diese Weise entstehen keine mündigen Christen, die frei und verantwortlich entscheiden. Und als Unmündige können sie es dann auch nicht, selbst wenn sie wollten.

Denn auch auf den höheren Ebenen hat man sich gebunden: Durch Theologien, Kirchengesetze, Verfassungen, Traditionen, Ordnungen, Satzungen, Protokolle, Gremien, Abstimmungen, Arbeitsplatzbeschreibungen, Dienstaufträge und wie die Mechanismen alle heißen, die auch führenden Leuten ihre Freiheit und Verantwortlichkeit beschneiden. Und so können sie das, was von Gott gewollt wäre, auch nicht tun, selbst wenn sie wollten – einfach und effektiv schon gar nicht.

Selbst der Papst (als angeblicher Stellvertreter des Messias) kann nicht einfach ändern, was er will. Ein Papst, der einiges in die richtige Richtung verändern wollte, war Albino Luciani als Johannes Paul I. In den Anfängen seiner Amtszeit erstellte er eine Liste mit in seinen Augen nötigen Veränderungen im Vatikan.

Nicht lange, nachdem er diese Liste seinem Kardinalstaatsekretär übergeben hatte, verstarb er ganz überraschend. 33 Tage war er im Amt. David A. Yallop hat in seinem Buch „Im Namen Gottes?“ eindrückliche Hinweise darauf zusammengetragen, dass er vergiftet wurde.

Diplomatie ist übrigens auf allen kirchlichen Ebenen bewusst oder unbewusst ein Ersatz für den Gehorsam gegen Gott. Man spricht ja schließlich von der „Kirchenpolitik“. Aber auch einen freikirchlichen Gemeindeleiter habe ich von „Gemeindepolitik“ reden hören, und er hat das nicht ironisch gemeint. Man denkt womöglich, man könne sich dem Willen Gottes vielleicht auch scheibchenweise, mit Salami-Taktik, annähern ...

Liebe einfache Mitchristen, wir müssen Schluss machen mit dem Aberglauben, dass gute Leute auf höheren Ebenen etwas bewirken könnten. Die Hoffnung auf den gläubigen Pfarrer, den dynamischen Pastor, die jüngeren Gemeindeältesten oder den evangelikalen Bischof hat noch immer getrogen. Scheinblüten, Stürme im Wasserglas und manchmal „Erweckungen“ gaukeln dir vor, dass da wichtige Dinge geschähen. Aber warte eine Weile ab, und du wirst sehen, dass sich am System und an der damit verbundenen Unmündigkeit der Christen nichts ändert.

Mit historischer Forschung könnte man ziemlich sicher nachweisen, dass das Auslaufen von erwecklichen Bewegungen immer damit zusammenhing, dass sich die Erweckten vom klerikalen System einfangen ließen und die geistliche Entwicklung dadurch wieder zum Stillstand kam. Auch das Ausbleiben einer heutigen „Erweckung“ hat mit Sicherheit hierin ihre Gründe.

In meiner Jugendzeit (den 1970er-Jahren) meinten erweckte junge Christen in der evangelischen Landeskirche, sie müssten Theologie studieren und Pfarrer werden, wenn sie für Gott etwas Besonderes bewirken wollten. Einige davon haben dann schon während des Studiums im Glauben Schiffbruch erlitten. Andere leben auf Pfarrers- oder gar Dekansposten dem Ruhestand entgegen bzw. sind mittlerweile dort angekommen. Und geistlich stehen sie auf dem Abstellgleis. Wo ist die Freude geblieben, die erste Liebe, die Gemeinschaft mit Geschwistern, die mit auf dem Weg sind?

Auch die freikirchliche Karriere ist nur scheinbar anders. Ich habe noch die Worte des freikirchlichen Verbandsvorsitzenden im Ohr, der seinen Pastoren ernsthaft empfahl: „Keine Freunde in der Gemeinde!" Man vergleiche diese Aussage einmal mit der „Freundschaft zu den Geschwistern" im Neuen Testament.

Letztendlich muss es als perfides dämonisches System entlarvt werden, was da unter gutwilligen Christen verschiedene Ebenen schafft und dann auf allen Ebenen geistliche Freiheit, Verantwortlichkeit und Mündigkeit verhindert.

Jetzt verstehen wir auch besser, was Paulus meint, wenn er schreibt:

> *Wenn sich jemand nach Verantwortung ausstreckt, ist er auf eine gute Sache aus* (1. Timotheus 3,1).

Er meint damit nicht das Streben nach einem verantwortungsvollen Posten oder einer gemeindlichen Führungsposition. Er meint vielmehr das Streben nach erwachsener Mündigkeit, nach echter geistlicher Verantwortlichkeit, die in der Gemeinschaft der Geschwister fruchtbar wird.

Deshalb wird im Neuen Testament dafür auch weder Schulung noch Ausbildung verlangt, sondern:

> *Dem Verantwortlichen darf nichts vorzuwerfen sein: Er muss Mann einer Frau sein, mit klarem Kopf, klar denkend, ordentlich, gastfrei, lehrfähig, nicht vom Wein abhängig, nicht aggressiv, sondern entgegenkommend, friedliebend, nicht geldgierig. Um die, die zu seinem Haus gehören, muss er sich gut kümmern. Wenn er Kinder hat, dann in Unterordnung, mit aller Ernsthaftigkeit. Wenn jemand sich nicht um die zu kümmern weiß, die zu seinem Haus gehören, wie soll er dann für eine Gemeinde Gottes Sorge tragen? Er darf kein Neuling sein, damit er sich nichts einbildet und einer Bestrafung durch den Teufel verfällt. Er muss auch von denen draußen ein gutes Zeugnis haben, damit er unter keinen Vorwurf fällt, eine Falle des Teufels* (1. Timotheus 3,2-7).

Wer meint, wir sollten die mehr als 90 % der kirchlichen und freikirchlichen Amtsträger einfach entlassen, die diesen Kriterien nicht entsprechen, den beobachte ich gerne bei dem Versuch, es zu tun. Und hinterher erkläre ich ihm gerne noch einmal, warum es nicht geht.

Du kannst dich als Unmündiger natürlich geborgen und zu Hause fühlen im „Schoß“ einer Kirche, Gemeinde, Tradition oder Ordnung. Darin liegt ja auch mit der Erfolg des Systems. Aber Gottes Ziel mit dir ist ein anderes. Deshalb sind wir hier miteinander auf dem Weg zur Freiheit. Denn ohne Freiheit gibt es keine wirkliche Verantwortlichkeit und ohne Verantwortlichkeit keine Mündigkeit. Wirklich zu Hause und geborgen werden wir nur bei Gott sein, nirgends sonst.

Mut zur Selbstständigkeit

Der Unterschied kann mit einem Vergleich zum Arbeitsleben deutlich gemacht werden:

Der abhängig beschäftigte Arbeitnehmer hat seine geregelten Arbeitszeiten, sein regelmäßiges, berechenbares Einkommen und seine Freizeit. Und wenn der Betrieb läuft, hat er auch eine einigermaßen gesicherte Zukunft. Die Verantwortung und die Risiken trägt der Arbeitgeber.

Der selbstständig Tätige dagegen muss selbst schauen, dass sein Betrieb läuft. Die Aufträge müssen hereinkommen, die Termine stimmen, die Abläufe, die Finanzen usw. funktionieren. Letzteres klingt zunächst gar nicht einladend. Aber ich habe einmal der Unterhaltung zweier Selbstständiger zugehört. Es war interessant zu hören, wie sie einander bestätigten, dass der, der selbstständig arbeitet, es nicht mehr anders haben möchte. Warum? Sie spüren die Freiheit, die Eigenverantwortlichkeit, die Gestaltungsmöglichkeiten, die Entwicklungsfähigkeit, das Stehen auf eigenen Füßen. Und sie haben Lust und Gefallen daran gefunden.

Diesen Unterschied zwischen abhängig und selbstständig kann man auch in der Problematik der beiden angesprochenen Grundformen des Christseins erkennen:

- der Abhängige, der die Verantwortung mitsamt den Risiken anderen überlässt, die es angeblich besser können und wissen, der also irgendwie mitläuft;
- der Selbstständige, der die Verantwortung mitsamt den Risiken selbst trägt und in Freiheit (in direkter und ausschließlicher Abhängigkeit von Jesus) seinen eigenen Weg bzw. den Weg Gottes geht.

Eine dritte Form wäre vielleicht noch jemand, der sich im Übergang vom einen zum anderen Zustand befindet. Dabei sind die Übergänge hier aber nur scheinbar gleitend, weil eine Grundentscheidung gefällt und umgesetzt werden muss.

Der Unterschied zum Arbeitsleben besteht allerdings darin, dass dort nach der persönlichen Vorliebe gewählt werden kann. (In Deutschland z. B. sind ca. 10 % der Arbeitenden selbstständig.) Denn man kann es einfach so oder so sehen. Im Königreich Gottes dagegen gibt es eine eindeutige Willenserklärung des Königs für die Selbstständigkeit. Hier besteht keine Wahlfreiheit, ob wir uns selbstständig ausschließlich Gott unterordnen oder ob wir uns von Menschen abhängig machen. Gott will Kinder, keine Stiefkinder.

Natürlich weiß Gott, dass wir alle aus der Unmündigkeit kommen und dass deshalb ein Umgewöhnungsprozess bzw. ein Wachstum in Richtung Mündigkeit und Selbstständigkeit nötig ist. In diesem Prozess will er uns mit viel Liebe und Geduld begleiten. Und wahre christliche Verantwortliche helfen ihren Brüdern und Schwestern dabei, erwachsen und selbstständig zu werden. Sie werden sie niemals von sich oder anderen Menschen oder Organisationsformen abhängig machen.

Dann ist da kein Platz mehr für Machtspiele und Machtstrukturen in der christlichen Gemeinde – wenn jeder dem anderen zu Freiheit, Selbstständigkeit und Eigenverantwortung verhilft.

Natürlich hat Gott auch die Freiheit gelassen, die Abhängigkeit zu wählen. Aber wir müssen wissen, dass es nicht Teil seines guten Planes für unser Leben ist. Es ist ein menschlich-weltliches Lebensmuster, das im biblischen Christsein nichts verloren hat.

Ziel: Erwachsen sein

Das Ziel ist aber nicht Freiheit und Unabhängigkeit an sich. Das Ziel ist, ein im vollen Sinne erwachsener Mensch und Christ zu sein. Die Freiheit ist eine notwendige Voraussetzung dafür. Menschen, die sich Bevormundung und Gängelung gefallen lassen, können keine wirklich mündigen Erwachsenen werden. Es fehlt ihnen die Eigenverantwortlichkeit und die Freude am Stehen auf den eigenen Füßen.

Die gleiche Problematik sehen wir auch in der Kindererziehung: Wenn man Kinder ängstlich behütet, bevormundet und manipuliert, werden sie zu unselbstständigen und ängstlichen Erwachsenen. Wenn man Kinder dagegen altersgemäß akzeptiert, informiert und in Freiheit und Verantwortlichkeit stellt, werden sie zu mutigen, freien und verantwortungsvollen Persönlichkeiten.

Der himmlische Vater hat seine „Kindererziehung“ nach der Sicht des Neuen Testaments genau so geplant. Was Christen zu Unselbstständigkeit, Ängstlichkeit und menschlicher Abhängigkeit verleitet, ist nicht christlich, ist nicht von Gott.

Schauen wir als Beispiel einmal auf die älteren Geschwister, wo sie als solche im Neuen Testament auftauchen. Einigermaßen bekannt sind der betagte Prophet Simon, der in dem Kind Jesus auf dem Tempelgelände den Messias erkannte, und die fast schon uralte Prophetin Hanna, die dazutrat, es bestätigte und mit allen darüber sprach. Das heißt, solche Leute gab es auch schon unter alttestamentlichen Bedingungen – und ohne professionelle theologische Ausbildung.

In 1. Timotheus 5 beschreibt dann Paulus, was „wirkliche Witwen“ in der Gemeinde sind (Vers 5):

Die wirkliche Witwe, die niemanden mehr hat, hat ihre Hoffnung auf Gott gesetzt und bleibt beim Bitten und Beten Tag und Nacht.

Das erinnert doch sehr an die Prophetin Hanna (Lukas 1,37):

Sie verließ das Tempelgelände nicht und diente Gott mit Fasten und Bitten Tag und Nacht.

Das ganze Leben dreht sich nur noch um Gott, alles andere ist unwichtig geworden.

Im Brief an Titus schreibt Paulus, was ihm für die älteren Geschwister wichtig ist (Kapitel 2,2-3):

Ältere Männer sollen einen klaren Kopf behalten, ernsthaft sein, klar denkend, gesund im Glauben, in der Liebe und in der Ausdauer. Ältere Frauen sollen genauso in der Haltung priesterlich sein, nicht gehässig, nicht an viel Wein versklavt, und Gutes lehren, um klares Denken zu vermitteln.

Nehmen wir die positiven Merkmale aus diesen Beschreibungen zusammen: Geistlich geprägte ältere Geschwister haben ein klares Denken, sind ernsthaft, gesund im Glauben, in der Liebe und in der Ausdauer, haben eine priesterliche Haltung, lehren Gutes und vermitteln das klare Denken auch weiter. Wo finden wir solche älteren Christen?

Und dann kommen dazu noch die geistlichen Altersstufen, an die Johannes schreibt (1. Johannes 2,12-14):

Ich schreibe euch, ihr Kinderchen: Die Sünden sind euch vergeben durch seinen Namen. Ich schreibe euch, ihr Väter und Mütter: Ihr kennt den, der von Anfang an ist. Ich schreibe euch, ihr jungen Leute: Ihr habt den Sieg über den Bösen. Ich habe euch geschrieben, ihr Kinder, dass ihr den Vater kennt. Ich habe euch geschrieben, ihr Väter und Mütter, dass ihr den kennt, der von Anfang an ist. Ich habe euch geschrieben, ihr jungen Leute, dass ihr stark seid und das Wort Gottes in euch bleibt und ihr den Sieg habt über den Bösen.

Die Anfänger haben gerade Gott kennengelernt und die Vergebung ihrer Sünden empfangen. Die jungen Leute sind stark geworden, haben das Wort Gottes bleibend in sich und den Bösen besiegt. Von den Vätern und Müttern wird nur noch gesagt: Sie kennen den, der von Anfang an ist. Sie haben eine unverrückbare Kenntnis Gottes gewonnen, die ihr ganzes Leben durchdringt und alles bestimmt.

Schon bei der Beschreibung der Junge-Leute-Stufe befallen mich Zweifel, ob wir in unseren „Gemeinden" solche Leute irgendwo haben. Und die beschriebene Art von „Vätern und Müttern" fällt ganz aus. Warum haben wir keine älteren Christen, die erwachsen und geistlich reif geworden sind, prophetische Gestalten, mit Heiligem Geist erfüllt, Priester(innen) des höchsten Gottes?

Stattdessen veranstaltet man für die Älteren einen „Seniorennachmittag", bei dem man ihnen eine nette Andacht hält, sie sich Lieder wünschen lässt, Kaffee und Kuchen serviert, dabei Geschichten von früher aufwärmt und kindische Spiele mit ihnen spielt. Und die Senioren machen das auch noch begeistert mit. Versteht jemand, dass das nicht christlich ist? Versteht jemand, dass das im Grunde eine Verachtung des Alters ist? Versteht jemand, dass so etwas mit neutestamentlicher Gemeinde rein gar nichts zu tun hat?

Ein System, das „Christen" bis an ihr Lebensende als Unmündige behandelt und auf diese Weise systematisch in der Unmündigkeit gefangen hält, ist nicht christlich. Es kann im wahrsten Sinne des Wortes nur anti-christlich sein.

Entdecken, was antichristlich ist

Mit „antichristlich" habe ich hier ein großes Wort angesprochen, das in unseren Ohren zunächst einmal immer nach Endzeit, dem Tier aus der Unterwelt, dem Weltuntergang oder Ähnlichem klingt. Man hat uns bisher erfolgreich angeleitet, das Antichristliche da zu suchen, wo es möglichst weit weg von unserem christlichen Alltags- und Gemeindeleben ist, nämlich irgendwo in der Zukunft.

Und es gibt eine ganze Anzahl von Büchern, die den Christen das Gruseln vor dem kommenden Antichristen beibringt. Allerdings bleibt der Grusel in gewisser Weise theoretisch, denn der Antichrist soll nach etlichen Lehrmeinungen erst nach der Entrückung kommen. Dann ist es ja nicht mehr ganz so schlimm, man wird vielleicht noch vorher entrückt und ist fein heraus.

Ganz anders im Neuen Testament:

> *Kinderchen, es ist die letzte Zeit. Und wie ihr gehört habt, dass ein Antichrist kommt, so sind jetzt auch viele Antichristen entstanden* (1. Johannes 2,18).

„Antichrist" ist als Lehnwort vom griechischen Wort „antíchristos" ins Deutsche gekommen. Johannes sagt hier also, mit anderen Worten ausgedrückt: Die letzte Zeit ist jetzt, der „Antichrist" sind viele, und sie sind schon da.

Ich muss hier ein paar Dinge über das Wort „antíchristos" bzw. „Antichrist" erklären: Das Wort hat zwei Bestandteile, die Vorsilbe „antí" und das Hauptwort „christós".

„Christós" ist das mit lateinischer Endung ins Deutsche übernommene „Christus", was übersetzt „Gesalbter" heißt. Der „Gesalbte" ist im Alten Testament der von Gott auserwählte König Israels. Bei seiner Einsetzung wurde er mit Heiligem Öl (als Symbol des Heiligen Geistes) gesalbt. Im Blick auf kommende Zeiten ist es dann der angekündigte Nachfolger des Königs David. Dieser wird als von Gott gesalbter König über Israel und über die ganze Welt regieren und alles in Ordnung bringen. Dieser „Gesalbte" heißt auf Hebräisch „maschíach", was eingedeutscht zu „Messias" geworden ist.

Nach dem Bekenntnis des Neuen Testaments ist Jesus dieser Gesalbte/Christus/Messias, seit ihn Gott selbst im Zusammenhang seiner Taufe im Jordan mit Heiligem Geist gesalbt hat.

Das Wort „antí" hat im Griechischen eine doppelte Bedeutung. Zum einen kann es „gegen" heißen, eine Bedeutung, mit der es auch ins Deutsche eingegangen ist, zum Beispiel wenn jemand eine „Anti-Haltung“ an den Tag legt. Zum anderen heißt es aber auch „anstelle“. Der Anti-Messias stellt sich also „gegen“ den Messias oder „anstelle“ des Messias.

In der neutestamentlichen Schilderung sehe ich diese beiden Bedeutungen in einer interessanten Harmonie: Der Anti-Messias stellt sich gegen den Messias, indem er sich anstelle des Messias selbst als Messias ausgibt. Man könnte es so formulieren: „Einer, der die Stelle des Messias einnehmen will“. Das ist dann sozusagen ein Messias-Ersatz oder Ersatz-Messias. Er will aussehen wie der Messias, er stellt sich an die Stelle des Messias, aber er ist nicht der Messias.

Allgemeiner ausgedrückt: Es nennt sich christlich, es stellt sich anstelle des Christlichen, aber es ist nicht christlich. Es ist ein Ersatz. Wenn ich dazu sage: „Es ist nicht christlich“, dann heißt das: Es ist in Gottes Augen und nach Gottes Maßstäben nicht christlich – sondern antichristlich.

Eine Gemeindeform, die Menschen abhängig macht und versklavt, stellt sich an Stelle einer Gemeinde, die Menschen befreit. Eine Gemeinde, die Gott und Menschen ernst nimmt, wird ersetzt durch eine Form von „Gemeinde“, in der weder der Wille Gottes noch der einzelne Mensch wirklich zählt. Mir fällt dabei auf: Ich bringe es nicht fertig, diesen Gemeindeersatz als „Gemeinde“ zu bezeichnen. Ich habe es eine „Form“ genannt. Es hat nicht denselben Inhalt.

Nach diesen sprachlichen Ausführungen möchte ich hier das Zitat aus Johannes 2,18 noch einmal wiederholen: *„Kinderchen, es ist die letzte Zeit. Und wie ihr gehört habt, dass ein Antichrist kommt, so sind jetzt auch viele Antichristen entstanden.“*

Was ist die Stellung des Messias? Die neutestamentliche Antwort ist eindeutig: Er ist Herr!

> *Deshalb erhöhte Gott ihn auch über alles und schenkte ihm den Namen, der über jedem Namen ist, damit im Namen von Jesus jedes Knie sich beugen soll, von Himmlischen und Irdischen und Unterirdischen, und jede Zunge sich dazu bekennen soll: „Herr, Jesus, Messias!“, zur Ehre Gottes des Vaters* (Philipper 2,9-11).

Dieser geheimnisvolle Name ist eindeutig: griechisch „kýrios“, auf Deutsch „Herr“. Aber er ist nicht gemeint wie „Herr Meier“, sondern im Sinne der letzten Instanz, über der nichts mehr kommt. „Kyrios“ war bei den Römern die Bezeichnung des Kaisers, bei den Griechen der Götter. Bei den Juden war er die Umschreibung für „Jahwe“, den Namen des Gottes Israels.

Ein Ersatz-Messias möchte also gerne dein Herr sein, anstelle des wahren Herrn, des Messias Jesus. Und Johannes hat gesagt, es seien viele.

Ich erinnere dich in diesem Zusammenhang an die häufigen Warnungen im Neuen Testament vor falschen Lehrern, falschen Propheten, falschen Gesalbten. Das „falsch“ in diesen Begriffen ist im Griechischen die Vorsilbe „pseudo-“, die wir auch als Lehnwort im Deutschen haben. Wörtlich übersetzt bedeutet sie „gelogen“.

Das heißt, sie nennen sich Lehrer, Propheten, Gesalbte etc., sie wollen so aussehen und wirken, aber es ist „gelogen“. Aus göttlicher Sicht sind sie es nicht. Von Gott gesandt sind sie erst recht nicht. Ob sie sich dessen bewusst sind, wollen wir einmal dahingestellt sein lassen. Vielleicht meinen manche ja wirklich, Gott zu dienen.

In der Offenbarung wird die Gemeinde in Ephesus von Jesus an dieser Stelle ausdrücklich gelobt:

> *Du hast auch die geprüft, die sich selbst „Gesandte“* (griech. „apóstoloi“) *nennen und es nicht sind, und hast sie verlogen gefunden* (Offenbarung 2,2).

Aber woran kann man sie erkennen? Jesus hat es deutlich gesagt, zum Beispiel in Matthäus 7,16-20:

> *An ihren Früchten werdet ihr sie klar erkennen. Sammelt man von Dornen etwa Trauben, oder Feigen von Disteln? So bringt auch jeder gute Baum gute Früchte, und der schlechte Baum bringt böse Früchte. Ein guter Baum kann keine bösen Früchte tragen, ein schlechter Baum (kann) keine guten Früchte tragen. Jeder Baum, der keine gute Frucht bringt,*

wird abgehauen und ins Feuer geworfen. Also, an ihren Früchten werdet ihr sie klar erkennen.

In unserem Zusammenhang heißt das: Wenn sie Menschen in Abhängigkeit, Unfreiheit, Bevormundung führen, am geistlichen Wachstum hindern, nicht ernst nehmen, klein und von wirklicher Verantwortung fernhalten, bringen sie böse Früchte. Solchen Menschen dürfen wir uns auf keinen Fall ausliefern oder unterordnen. Das hat unser Herr, Jesus, eindeutig verboten. Hier ist jegliche Lehre von „geistlicher" Unterordnung fehl am Platz bzw. Teil der Irreführung.

Wir müssen im unüberschaubaren Wirrwarr der „christlichen" Angebote lernen zu unterscheiden, was gottgewolltes, echtes Christsein heißt und was menschengemachtes Ersatz-Christentum ist. Nur dann können wir einen eigenständigen Weg finden, Jesus zu folgen und zu erwachsenen, überzeugten und überzeugenden Christen zu werden.

Wir sollten uns also abgewöhnen, uns über alles zu freuen, was sich auch nur entfernt irgendwie „christlich" nennt. Wenn wir „christlich" nach biblischen Maßstäben definieren, dann kommen wir zu folgender Regel: Alles, was sich „christlich" nennt, aber nicht christlich ist, ist antichristlich.

Treue – zu wem?

In (angeblicher) Sorge um unser geistliches Wohl und in (uneingestandener) Angst um den Bestand der Gruppierung wird uns in christlichen Kreisen oft die geistliche Tugend der Treue angepriesen: Treue zur Kirche, zu geistlichen Vätern und Müttern, zur Tradition, zum Verband, zur Heimatgemeinde. Da sei man ja schließlich zum Glauben gekommen und habe auch sonst manchen Grund zur Dankbarkeit.

Leicht wird vergessen, dass wir vom Neuen Testament her in erster Linie Gott treu sind und Jesus, unserem Herrn. Wie und wohin er uns führt, folgen wir ihm treu. Dies mit der Treue zu Menschen oder menschlichen Einrichtungen zu verwechseln oder gleichzusetzen, kann fatale Auswirkungen haben. Es kann uns an Fortschritten hindern, die Gott mit uns vorhat, die aber nicht ins Schema unserer kirchlichen Bindungen passen.

Hier kann die Treue zum Gewohnten zum Hindernis fürs Weiterkommen werden oder auch zur bequemen Ausrede, um sich herausfordernden geistlichen Erkenntnissen und Entwicklungen nicht stellen zu müssen. „Bleibe in dem, was du gelernt hast", sagte abwehrend jenes Mitglied eines evangelischen Kirchenvorstands, als es sich mit biblischen Inhalten auseinandersetzen sollte, die seinen bisherigen geistlichen Horizont um einiges erweitert hätten. Dabei hat Paulus mit dem „Bleiben" in dem angesprochenen Vers (2. Timotheus 3,14) sicherlich nicht die religiöse Sozialisation in einer Kirchengemeinde gemeint.

Die seltsame Treue und Bindung an Menschen und Menschliches tadelt Paulus schon in den Anfängen, im ersten Korintherbrief:

> *Ich spreche davon, dass jeder von euch sagt: Ich gehöre zu Paulus! Ich zu Apollos! Ich zu Kefas! Ich zum Messias! Ist der Messias zerteilt? Ist etwa Paulus für euch hingerichtet worden am Kreuz? Seid ihr denn in den Namen von Paulus getaucht worden?* (1. Korinther 1,12-13).

Wir sollten es als das erkennen, was es ist, nämlich Unmündigkeit, wenn man sich an Menschen, Gruppen oder Einrichtungen bindet. Dann könnten wir uns endlich die Freiheit nehmen, guten Gewissens jede Art falscher Treue aufzugeben, um in der Treue zu Jesus und seinem Wort zu wachsen und weiterzukommen.

Die geistlichen Größen sind von Gott her nicht dazu da, dass wir uns an sie binden oder sie uns an sich binden. Sie sollten uns vielmehr dienen und weiterbringen zum geistlichen Erwachsensein:

> *Und er hat die Gesandten gegeben, die Propheten, die Botschafter und die Hirten und Lehrer, um die Heiligen auszubilden zum Tun des Dienstes zum Aufbau des Leibes des Messias, bis wir alle hinkommen in die Einheit des Glaubens und der klaren Erkenntnis des Sohnes Gottes, in (die Reife)*

eines erwachsenen Menschen, in das Maß der vollen Lebensgröße des Messias, damit wir nicht mehr unmündig seien, getrieben und umherbewegt von jedem Wind der Lehre im schlauen Spiel der Menschen, das auf den Abweg zur Verirrung (führt) (Epheser 4,11-14).

Dass es aus der Gemeinde heraus die Irreführung geben wird, sich an Menschen zu binden und ihnen zu folgen, hat Paulus schon angekündigt. Er sagt es in seiner Abschiedsrede an die Verantwortlichen der Gemeinde von Ephesus:

Von euch selbst werden Leute auftreten, die verdrehte Dinge sagen, um die Jünger wegzuziehen hinter sich selbst her (Apostelgeschichte 20,30).

Paulus definiert hier interessanterweise nicht inhaltlich, mit welchen „verdrehten Dingen" diese Leute andere hinter sich herziehen werden. Er gibt als Kriterium nur die Tatsache an, dass sie das tun werden – egal womit.

Die Frage ist also nicht, ob wir irgendwelchen geistlichen Größen treu sind. Es geht darum, ob die geistlichen „Größen" vor Gott treu sind, sodass sie uns nicht an sich binden, sondern uns befähigen, den Weg mit Jesus in Eigenverantwortung und Freiheit weiterzugehen, egal wohin er führt.

Sei treu bis zum Tod, und ich will dir den Siegeskranz des Lebens geben! (Offenbarung 2,10).

Damit ist ausschließlich die Treue zu Jesus gemeint, keine andere.

Kapitel 4

Die neutestamentliche Gemeinde

Aber wir brauchen doch die anderen?

Aber sicher brauchen wir die anderen. Aber nicht so, dass die einen die anderen als Publikum, Zuhörer, Mitsinger und Geldgeber brauchen. Und auch nicht so, dass die anderen die einen als Vormünder, Betreuer, Anprediger und Aufpasser brauchen.

In der neutestamentlichen Gemeinde brauchen wir die anderen, weil wir einander mit unserer Liebe, unseren Gaben und unserer Erkenntnis helfen und aufbauen. „Einander“ (griech.: alléloon) ist hier das zentrale Stichwort im Neuen Testament. Schauen wir uns die zahlreichen Bibelstellen einmal an:

> *Wenn also ich euch die Füße gewaschen habe, der Herr und der Lehrer, dann seid auch ihr verpflichtet, einander die Füße zu waschen* (Johannes 13,14).

> *Ein neues Gebot gebe ich euch, dass ihr einander liebt, wie ich euch liebe, damit auch ihr einander liebt! Daran werden alle erkennen, dass ihr meine Jünger seid, wenn ihr Liebe untereinander habt* (Johannes 13,34-35).

> *Bekennt einander also offen die Sünden, und betet füreinander, damit ihr geheilt werdet!* (Jakobus 5,16).

> *Ermutigt einander so mit diesen Worten!* (1. Thessalonicher 4,18).

> *Deshalb helft einander und baut einer den anderen auf, wie ihr es auch tut!* (1. Thessalonicher 5,11).

Grüßt einander mit einem heiligen Kuss! (1. Korinther 16,20).

Ihr wurdet doch zur Freiheit gerufen, Geschwister. Nur dass ihr die Freiheit nicht als Anlass (nehmt) für die menschliche Natur, sondern einander wie Sklaven dient durch die Liebe (Galater 5,13).

Tragt einander die Lasten! So werdet ihr das Gesetz des Messias erfüllen (Galater 6,2).

... so sind wir, die Vielen, ein Leib im Messias und (sind) im Einzelnen einander Glieder (Römer 12,5).

Also wollen wir nun hinter dem her sein, was dem Frieden (dient) und was einander aufbaut! (Römer 14,19).

Deshalb nehmt einander an, wie auch der Messias euch angenommen hat, zur Verherrlichung Gottes! (Römer 15,7).

Ich selbst bin von euch überzeugt, meine Geschwister, dass auch ihr voller Güte seid, erfüllt mit aller Erkenntnis und fähig, einander zurechtzubringen (Römer 15,14).

... (dass ihr) mit Bescheidenheit einander für Höherstehende haltet, dass nicht jeder auf das Seine achtet, sondern jeder auch auf das der anderen! (Philipper 2,3-4).

Ertragt einander, und vergebt einander, wenn jemand gegen jemanden einen Tadel hat! Wie der Herr euch vergeben hat, so auch ihr! (Kolosser 3,13).

Lehrt einander, und bringt einander zurecht mit aller Weisheit! (Kolosser 3,16).

Werdet zueinander freundlich, herzlich, wendet euch einander zu, wie auch Gott sich euch zugewandt hat im Messias! (Epheser 4,32).

... indem ihr euch einander unterordnet in Achtung vor dem Messias ... (Epheser 5,21).

Wie jeder eine Gnadengabe bekommen hat, dient einander damit als gute Verwalter der vielfältigen Gnade Gottes! (1. Petrus 4,10).

Helft einander vielmehr jeden Tag ... (Hebräer 3,13).

Wir wollen aufmerksam aufeinander achten, um uns zur Liebe und zu guten Taten anzustacheln ... (Hebräer 10,24).

In dieser Aufzählung sind die zahlreichen inhaltsgleichen Parallelstellen, besonders zum Thema „einander lieben" noch gar nicht berücksichtigt.

Ich glaube schon, dass man die christlichen Gruppierungen, in denen man Wert auf dieses „Einander"-Prinzip legt, unter den Gläubigen mit der Lupe suchen muss.

Als ich die Liste mit diesen Bibelstellen einmal in einem Kreis von Christen vortrug, sagte ein Bruder spontan: „Das geht ja gar nicht!" Wir unterhielten uns dann angeregt, ob diese biblischen Aussagen nicht eigentlich den Willen Gottes zum Ausdruck bringen und was es dann heißt, wenn wir sagen, es gehe nicht, obwohl es doch der Wille Gottes ist. Aber der Bruder sprach natürlich aus seinem gemeindlichen Erfahrungshorizont, in dem ihm dieses „Einander" unter Christen als unmöglich erschien.

Wir brauchen einander, das wird aus diesen Stellen deutlich. Aber wir brauchen einander nicht als Mitglieder einer Organisation, sondern als Glieder eines Leibes. Und das Zueinander-Gehören in diesem Leib bringt das Neue Testament mit dem Begriff „koinonía" auf den Punkt: Gemeinschaft.

Was ist das – Gemeinschaft?

Das Neue Testament gibt uns ein profanes Beispiel für „koinonía", was „Gemeinschaft, Teilhaberschaft, Zusammengehörigkeit" bedeutet. Der, welcher zur „koinonía" gehört, ist der „koinonós", der „Teilhaber" bzw. „Partner". In Lukas 5, am Ende der Geschichte vom wunderbaren Fischfang, heißt es in Vers 9 und 10: *„Denn das Staunen hatte ihn erfasst, und alle* *bei ihm, über den Fischfang, den sie zusammen gefangen hatten, genauso auch Jakobus und Johannes, die Söhne von Zebedäus, die Simons Partner waren.“*

Wenn Lukas hier Jakobus und Johannes als „koinonói“ (Mehrzahl) von Petrus bezeichnet, so heißt das nicht, dass sie Fischerkollegen oder -kumpels waren, wie man es uns oft erzählt hat, sondern dass sie eine gemeinsame Fischerei betrieben, in der sie alle Partner waren. Koinonía ist hier die Teilhaberschaft an einem gemeinsamen Geschäft, also ein verantwortliches Dazu- und Zusammengehören.

Mit dieser Bedeutung im Kopf wollen wir nun ein paar Stellen über die „koinonía“ im Neuen Testament betrachten (alle Wörter, die im Griechischen zum Wortfeld „koinonía“ gehören, sind fett gedruckt):

> *Was wir gesehen und gehört haben, sagen wir euch weiter, damit auch ihr mit uns* ***Gemeinschaft*** *habt. Und unsere* ***Gemeinschaft*** *ist mit dem Vater und mit seinem Sohn, Jesus dem Messias. Das schreiben wir, damit unsere Freude vollendet ist.*
> *Und das ist die Botschaft, die wir von ihm gehört haben und euch berichten: Gott ist Licht. Es gibt nichts Finsteres in ihm. Wenn wir sagen, dass wir* ***Gemeinschaft*** *mit ihm haben, und leben in der Finsternis, dann lügen wir und tun nicht die Wahrheit. Wenn wir im Licht leben, wie er im Licht ist, haben wir* ***Gemeinschaft*** *miteinander und das Blut von Jesus, seinem Sohn, reinigt uns von jeder Sünde* (1. Johannes 1,3-7).

Also: Teilhaben an Gott dem Vater, an Jesus, seinem Sohn, und aneinander – auch hier wieder: „einander“! Was allerdings nicht geht, ist an Licht *und* Leben teilzuhaben und zugleich in der Finsternis zu sein. Eine solche Behauptung kann nur Lüge sein.

> *Der Becher des Segens, den wir segnen, ist er nicht* ***Teilhabe*** *am Blut des Messias? Das Brot, das wir brechen, ist es nicht* ***Teilhabe*** *am Leib des Messias? Weil es ein Brot ist, sind wir, die vielen, ein Leib. Wir alle haben doch teil an dem einen Brot. Seht das Israel nach menschlicher Abstammung: Sind*

nicht die, die das Opfer essen, ***Teilhaber*** *am Altar? Was sage ich also? Dass Fleisch von Götteropfern etwas ist? Oder dass ein Gottesbild etwas ist? (Nein!) Aber was sie schlachten, schlachten sie für dämonische Geister und nicht für Gott. Und ich will nicht, dass ihr* ***Teilhaber*** *an den dämonischen Geistern werdet. Ihr könnt nicht den Becher des Herrn trinken und den Becher dämonischer Geister. Ihr könnt nicht am Tisch des Herrn* ***teilhaben*** *und am Tisch dämonischer Geister* (1. Korinther 10,16-21).

Beim Mahl des Herrn haben wir also mit Wein und Brot unsere Teilhabe an Blut und Leib des Herrn sozusagen nicht nur in Händen, sondern auch auf der Zunge und im Magen. Aus der vorherigen Stelle im ersten Johannesbrief wissen wir, dass wir diese Teilhabe an Jesus ständig haben, also nicht nur während des Abendmahls, aber im Mahl wird sie offensichtlich gefeiert, handgreiflich und sinnfällig, wie Jesus gesagt hat: *„Tut das zur Erinnerung an mich!“* (1. Korinther 11,24). Auch Paulus betont hier die Exklusivität der Sache: Die Teilhabe an Jesus schließt Teilhabe an dämonischen Dingen aus. Und auch hier entsteht aus der Teilhabe an Jesus die Teilhabe der vielen aneinander – die Gemeinschaft, der eine Leib des Herrn.

Aus dieser Sicht erwächst auch die zwischenmenschliche Seite der Gemeinschaft, des Anteilnehmens und -gebens:

Wer im Wort unterrichtet wird, soll dem, der unterrichtet, ***Anteil geben*** *an allen Gütern!* (Galater 6,6).

An den Nöten der Heiligen – ***nehmt Anteil!*** (Römer 12,13).

Vergesst nicht Gutes zu tun und ***Gemeinschaft*** *(auszuüben), denn solche Opfer gefallen Gott gut!* (Hebräer 13,16).

Die zwischenmenschliche „Gemeinschaft“ unter den Christen wird an diesen Stellen auffallend materiell verstanden. Neben der gemeinsamen Teilhabe an den geistlichen Gütern ist offensichtlich auch der materielle Besitz Teil der christlichen Gemeinschaft.

Was ist das also – Gemeinschaft? Es ist gemeinsame Teilhabe an Gott dem Vater selbst, an Jesus, seinem Sohn, am Heiligen Geist, am Königreich Gottes, am ewigen Leben und allen geistlichen Gütern. Es ist gemeinsame Zugehörigkeit zum Leib des Messias, zum Haus Gottes, zur Gemeinde. Und es ist geistliches und materielles Anteilgeben und Anteilnehmen an den Mit-Gliedern des Leibes, den Brüdern und Schwestern in Gottes Familie.

Es ist hoffentlich deutlich, dass in dieser Gemeinschaft kein Raum ist für die traditionelle Trennung zwischen „oben“ und „unten“, zwischen Geistlichen und Laien, Leitern und Besuchern in christlichen Kirchen und Gruppen.

Von hier aus verstehen wir auch die biblische Aussage, dass sie in Jesus alle „eins“ sind, wie sie im Gebet von Jesus besonders deutlich zum Ausdruck kommt:

> *Ich bitte dich aber nicht nur für sie, sondern auch für die, die durch ihr Wort an mich glauben, damit alle eins sind, wie du, Vater, in mir und ich in dir, damit auch sie in uns sind, damit die Welt glaubt, dass du mich gesandt hast. Und die Herrlichkeit, die du mir gegeben hast, habe ich ihnen gegeben, damit sie eins sind, wie wir eins sind, ich in ihnen und du in mir, damit sie vollendet sind in eins, damit die Welt erkennt, dass du mich gesandt hast und sie liebst, wie du auch mich liebst* (Johannes 17,20-23).

Deshalb hat Gott es so gemacht:

> *... damit es keine Spaltung im Leib gibt, sondern die Glieder von selbst füreinander sorgen. Und wenn ein Glied leidet, leiden alle Glieder mit. Wenn ein Glied geehrt wird, freuen sich alle Glieder mit* (1. Korinther 12,25-26).

Wenn wir diese Stellen betrachten, fällt uns vielleicht auf, dass man die hier beschriebene gottgewollte Gemeinschaft nicht organisieren muss. Sie wird höchstens gelehrt und angemahnt und ansonsten einfach im Alltag gelebt.

Was ist uns da verloren gegangen? Wann werden wir wieder damit beginnen? Wann werden wir wieder Gemeinde sein, die im biblischen Sinne diesen Namen verdient? Gemeinde, an der Gott seine Freude hat und in der sich seine Kraft entfalten kann? Gemeinde, die ihre göttliche Bestimmung lebt, „Pfeiler und fester Grund für die Wahrheit“ zu sein? (1. Timotheus 3,15).

Die Ekklesia

Das griechische Wort, das üblicherweise mit „Gemeinde“ übersetzt wird, ist „ekklesía“. Ekklesia bezeichnet sowohl die Gesamtheit als auch die Versammlung der mündigen Bürger eines politischen Gemeinwesens. Die wörtliche Übersetzung „die Herausgerufene“ bezieht sich wohl auf die Versammlung, zu der man die Bürger aus ihren Häusern „herausruft“. Im Alten Testament bezeichnet der Begriff auch die Versammlungen des Volkes Israel.

Im Neuen Testament korrespondiert das Wort mit dem Begriff „Reich Gottes“. In den Evangelien, also vor der Geburtsstunde der Gemeinde an jenem Pfingstfest, ist sehr viel vom kommenden und in Jesus bereits anwesenden Reich Gottes die Rede, aber nur zweimal von der Gemeinde. Nach der Geistausgießung an Pfingsten ist sehr viel von der Gemeinde die Rede und nur noch an wenigen Stellen vom Reich Gottes.

Offensichtlich ist die Gemeinde der auf der Erde verwirklichte und sichtbare Teil des Reiches Gottes. Das wesentliche Kennzeichen des Reiches Gottes ist, dass in diesem Reich uneingeschränkt der Wille Gottes geschieht. Das heißt, dass überall, wo Menschen sich dem Willen Gottes unterstellen und ihn tun, das Reich Gottes da ist. Und das ist genau die Realität der Gemeinde. Die „Ekklesia“ ist die Gesamtheit und auch die Versammlung der mündigen Bürger des Reiches Gottes.

Das erste Mal ist von der Ekklesia in Matthäus 16 die Rede. Jesus selbst hat hier diese Bezeichnung eingeführt. Petrus sprach das Bekenntnis aus (Vers 16): *„Du bist der Messias, der Sohn des lebendigen Gottes.“* Und Jesus sagte dazu (Vers 18):

„Auf diesem Felsgrund werde ich meine Gemeinde bauen, und die Tore der Totenwelt werden sie nicht bezwingen.“ Jesus ist demnach das Fundament der Gemeinde („Auf diesem Felsgrund“), Baumeister der Gemeinde („werde ich bauen“) und Herr der Gemeinde („*meine* Gemeinde“).

Die christliche Gemeinde ist also eine, in der Jesus regiert bzw. der Wille Gottes geschieht. Umgekehrt ist dann eine „Gemeinde“, in der nicht Jesus regiert bzw. nicht der Wille Gottes geschieht, keine christliche Gemeinde. Das Vorbild für die Gemeinde, die das Reich Gottes auf Erden verkörpert, haben wir im Neuen Testament. Das ist der Maßstab.

Der Jüngerkreis

Die Keimzelle der Ekklesia, der Gemeinde des Herrn, ist der Jüngerkreis, den Jesus zu seinen irdischen Lebzeiten um sich gesammelt hat. Deren Kern waren die „Zwölf“, aber auch andere Männer und Frauen gehörten dazu, die ihn zeitweise oder die ganze Zeit über begleiteten. Sie sollten die Lehre von und über Jesus aufnehmen und weitergeben.

In der Lehre von Jesus an seine Jünger gibt es auch den Aspekt, der das Verhältnis der Jünger untereinander betrifft. Diese Lehre wird in der traditionellen Sichtweise von Kirche und Gemeinde in der Regel ignoriert. Umso wichtiger ist es, dass wir im Zusammenhang dieses Buches einen besonderen Blick darauf werfen.

Der Jüngerkreis um Jesus war sich seiner Bedeutung als Nachfolger des Messias offensichtlich bewusst. Nachdem sie schon längere Zeit mit ihm gegangen waren, konnte so auch die Frage unter ihnen aufkommen, wer von ihnen nun im Reich Gottes wohl der Bedeutendste sei. Ich zitiere die Geschichte in der Zusammenfassung von Matthäus 18,1-5, Markus 9,33b-37 und Lukas 9,46-48:

> *Zu jener Zeit kam aber eine Überlegung unter ihnen auf, wer von ihnen wohl am ehesten der Wichtigste sei. Jesus sah die Überlegung ihrer Herzen. Als er im Haus war, fragte er sie:*

„Worüber habt ihr euch Gedanken gemacht auf dem Weg?" Sie schwiegen aber. Sie hatten nämlich auf dem Weg miteinander darüber gesprochen, wer (von ihnen wohl) am ehesten der Wichtigste sei.
Er setzte sich, rief die Zwölf und sagte ihnen: „Wenn jemand Erster sein will, soll er Letzter von allen und Diener von allen sein!" Die Jünger sagten: „Wer ist denn dann eher ein Wichtiger im Königreich der Himmel?"
Er rief ein Kind herbei, nahm es, stellte es neben sich in ihre Mitte, legte den Arm um es und erklärte: „Amen, ich sage euch: Wenn ihr nicht umkehrt und wie die Kinder werdet, werdet ihr nicht ins Königreich der Himmel hineinkommen. Wer sich also selbst erniedrigt (und) wie dieses Kind (wird), der ist der Wichtigere im Königreich der Himmel. Und wer eines dieser Kinder aufnimmt in meinem Namen, der nimmt mich auf. Und wer mich aufnimmt, der nimmt nicht mich auf, sondern den, der mich gesandt hat. Wer der Unbedeutendere unter euch allen ist, der ist wichtig."

In ihrem noch menschlichen Denken suchen die Jünger auch im himmlischen Reich die Rangliste. Wer ist wichtiger, wer ist bedeutender? Die Belehrung durch den Meister ist eindeutig. Der, der unbedeutend wird wie ein Kind, der Letzte, der Diener von allen, der ist der Wichtige. Jesus stellt die menschlichen Maßstäbe auf den Kopf. Und er klärt damit grundsätzlich und für alle Zeiten das Verhältnis seiner Jünger untereinander.

Dass einige der Jünger das nicht gleich verstanden, zeigte sich einige Zeit später noch einmal. Da waren sie schon auf dem letzten Weg nach Jerusalem. Obwohl Jesus direkt davor seine Auslieferung und seinen Tod angekündigt hatte, spukten immer noch Träume von messianischer Machtentfaltung durch ihre Köpfe. Ich zitiere das Ereignis in der Zusammenstellung von Matthäus 20,20-28 und Markus 10,35-45:

Damals kam auch die Mutter von Jakobus und Johannes, den Söhnen von Zebedäus, mit ihren Söhnen zu Jesus und warf sich auf den Boden, um ihn etwas zu bitten. Jesus sagte

ihr: „Was willst du?“
Sie antworteten: „Lehrer, wir wollen, dass du für uns tust, um was wir dich bitten!“ Er erwiderte: „Was wollt ihr, dass ich für euch tun soll?“ Da sagte sie: „Sag, dass es diesen meinen zwei Söhnen gegeben wird, dass sie sich in deinem herrlichen Königreich einer an deine rechte Seite und einer an deine linken Seite setzen werden!“
Jesus antwortete ihnen: „Ihr wisst nicht, was ihr bittet. Könnt ihr den Becher trinken, den ich trinken soll, oder euch in die Taufe tauchen lassen, in die ich mich tauchen lasse?“ Sie sagten: „Wir können es.“ Jesus erklärte ihnen: „Meinen Becher, den ich trinke, werdet ihr zwar trinken, und in die Taufe, in die ich mich tauchen lasse, werdet ihr getaucht werden. Sich aber an meine rechte oder linke Seite zu setzen – das zu vergeben, ist nicht an mir. (Es wird) vielmehr (denen gegeben), für die es vorbereitet ist von meinem Vater.“
Die zehn (anderen Jünger) aber, die es auch gehört hatten, ärgerten sich über Jakobus und Johannes, die zwei Brüder. Jesus rief sie herbei und sagte ihnen: „Ihr wisst, dass die Obersten, die meinen, Herrscher der Völker zu sein, diese beherrschen, und ihre Großen üben Macht über sie aus. So ist es aber nicht unter euch. Wer wichtig werden will unter euch, soll vielmehr euer Diener sein! Wer unter euch Erster sein will, soll Sklave von allen sein! Der Menschensohn ist ja auch nicht gekommen, um sich dienen zu lassen, sondern um zu dienen und sein Leben zu geben als Lösegeld für viele.“

Salomes mütterliche Fürsorge für ihre beiden Buben, die „bescheidene“ Bitte, dass diese doch im Reich Gottes links und rechts des Messias sitzen dürfen, geht voll daneben. Jesus kündigt ihnen dagegen das Martyrium an und sagt, dass ihr Anliegen im Übrigen Gottes Angelegenheit sei. Dass die zehn anderen sich über die zwei ärgerten, zeigt, dass auch sie gerne die Ehrenplätze gehabt hätten. Und Jesus gibt ihnen noch einmal eine deutliche Antwort. Weltliche Herrscherallüren sind unter seinen Jüngern tabu. Der Dienende, der Sklave von allen, das ist der Erste und Wichtige, mit Jesus selbst als Vorbild.

Und in Jerusalem, während er mit den Pharisäern und Theologen abrechnet, flicht Jesus die gravierende Ermahnung an seine Jünger ein (Matthäus 23,8-12):

Ihr aber sollt euch nicht „Rabbi" nennen lassen! ***Einer*** *ist nämlich euer Lehrer, ihr alle seid Geschwister. Und „Vater" soll niemand von euch sich nennen lassen auf der Erde!* ***Einer*** *ist nämlich euer Vater, der himmlische. Ihr sollt euch auch nicht „Leiter" nennen lassen! Denn euer Leiter ist* ***einer****, der Messias. Der Wichtigere von euch soll euer Diener sein. Wer sich selbst erhöht, wird erniedrigt werden; wer sich selbst erniedrigt, wird erhöht werden.*

Noch einmal wird jegliche Erhöhung des einen über den anderen im Jüngerkreis radikal abgelehnt. Auch die frommen Titel der angesehenen religiösen Leiter kommen unter ihnen nicht in Frage.

Aber noch am letzten Abend ihres Zusammenseins, nach der Einsetzung des Abendmahls, taucht die Frage erneut auf (Lukas 22,24-27):

Es entstand unter ihnen aber auch ein Wettstreit darüber, wer von ihnen wohl am ehesten der Wichtigste sei. Doch (Jesus) sagte ihnen: „Die Könige der Völker herrschen über sie, und ihre Machthaber lassen sich ‚Wohltäter' nennen. Ihr aber sollt nicht so sein! Der Wichtigere unter euch soll vielmehr wie der Jüngere sein und der Führende wie der Dienende! Wer ist denn wichtiger, der zu Tisch liegt oder der bedient? Ist es nicht der, der zu Tisch liegt? Ich bin in eurer Mitte aber wie der, der bedient."

Soll man's glauben? Offensichtlich war das menschliche Verhaltensmuster dann doch sehr eingefleischt und diese Lehre von Jesus bis zum Schluss die unglaublichste für seine Jünger. Fast unglaublich ist aber auch die Geduld von Jesus, mit der er ihnen liebevoll alles noch einmal erklärt. Gut, er weiß natürlich um die kommenden Ereignisse, die den Jüngern helfen werden, die Dinge in ihren Köpfen zurechtzurücken.

Jesus lehrt also, dass unter seinen Jüngern keiner über den anderen regiert, keiner sich über den anderen erhebt, jeder dem anderen in dienender Haltung begegnet. Diese Lehre bleibt natürlich grundlegend und verbindlich für alle seine Nachfolger, für seine ganze Gemeinde. Und wo sie nicht befolgt wird, ist dann auch nicht seine Gemeinde ...

Aussagen über die Gemeinde

Die neutestamentliche Art der Gemeinde Gottes ist uns durch die Einwirkung des Pseudo- bzw. Antichristentums leider verloren gegangen. Oder welche bestehende „Gemeinde" erfüllt auch nur eine einzige der folgenden Aussagen?

> *Die Menge derer, die glaubten, war ein Herz und eine Seele* (Apostelgeschichte 4,32).

> *Ich bitte dich aber nicht nur für sie, sondern auch für die, die durch ihr Wort an mich glauben, damit alle eins sind, wie du, Vater, in mir und ich in dir, damit auch sie in uns sind, damit die Welt glaubt, dass du mich gesandt hast. Und die Herrlichkeit, die du mir gegeben hast, habe ich ihnen gegeben, damit sie eins sind, wie wir eins sind, ich in ihnen und du in mir, damit sie vollendet sind in eins, damit die Welt erkennt, dass du mich gesandt hast und sie liebst, wie du auch mich liebst* (Johannes 17,20-23).

> *Gott hat den Leib so zusammengesetzt, dass er dem Mangelhaften mehr Wertschätzung gibt, damit es keine Spaltung im Leib gibt, sondern die Glieder von selbst füreinander sorgen. Und wenn ein Glied leidet, leiden alle Glieder mit. Wenn ein Glied geehrt wird, freuen sich alle Glieder mit* (1. Korinther 12,24-26).

> *Die, die Gott in der Gemeinde gegeben hat, sind zum ersten Gesandte, zum zweiten Propheten, zum dritten Lehrer, dann Kraftwirkungen, dann Gaben von Heilungen, Hilfeleistungen,*

Richtungsweisungen, verschiedene Arten von Gebetssprachen (1. Korinther 12,28).

... die Gemeinde des lebendigen Gottes, Pfeiler und fester Grund für die Wahrheit (1. Timotheus 3,15).

... wie auch der Messias die Gemeinde liebt und sich für sie hingegeben hat, um sie heilig zu machen, indem er sie durch das Bad im Wasser mit dem Wort gereinigt hat, um sie sich herrlich hinzustellen, die Gemeinde, damit sie keinen Fleck oder eine Runzel oder etwas Derartiges hat, sondern heilig und makellos sein soll (Epheser 5,25-26).

Damit soll jetzt auch den Herrschergewalten und den Mächten in den himmlischen Welten durch die Gemeinde die sehr vielfältige Weisheit Gottes bekannt werden ... (Epheser 3,10).

Und wenn eines deiner Geschwister sich versündigt, dann geh hin und halte es ihm vor zwischen dir und ihm allein. Wenn es auf dich hört, hast du deinen Bruder oder deine Schwester gewonnen. Wenn es nicht hört, nimm noch eines oder zwei mit dir, denn „auf Aussage von zwei Zeugen oder drei soll jede Sache stehen“. Wenn es auf sie nicht hört, sag es der Gemeinde! Wenn es aber auch auf die Gemeinde nicht hört, soll es dir wie der Heide und der Steuereinnehmer sein. Amen, ich sage euch: Was ihr auf der Erde binden werdet, soll im Himmel gebunden sein. Und was ihr auf der Erde lösen werdet, soll im Himmel gelöst sein (Matthäus 18,15-18).

Wenn es (bei euch) nun Ermutigung im Messias gibt, wenn Zuspruch der Liebe, wenn Teilhabe am Geist, wenn Herzlichkeit und Erbarmen, dann macht meine Freude damit voll, dass ihr dieselbe Gesinnung habt, dieselbe Liebe habt, harmonisch seid, eure Gedanken auf das Eine gerichtet sind, nichts mit Konkurrenz und Angeberei, sondern mit Bescheidenheit einander für Höherstehende haltet, dass nicht jeder auf das Seine achtet, sondern jeder auch auf das der anderen! (Philipper 2,1-4).

Dies ist nur eine etwas zufällige Auswahl von Aussagen darüber, wie Gott die Gemeinde gedacht und gewollt hat. Und es ist deutlich, dass diese Maßstäbe in den uns üblicherweise bekannten „christlichen“ Gemeindeformen nicht eingehalten bzw. gelebt werden.

Die Hauptanliegen, die ich aus diesen Texten heraushöre, sind Einheit und Reinheit, und beides in Wahrheit. Also nicht gekünstelt oder geheuchelt, sondern echt vor Gott und im Heiligen Geist. Bei verwirklichter Einheit gibt es keine Spaltung in der Gemeinde. Bei verwirklichter Reinheit gibt es kein Ärgernis und nichts Sündiges in der Gemeinde. Das geht nur in völliger Unterstellung unter den Willen Gottes, unter den Herrn, Jesus, und die Leitung des Heiligen Geistes.

Dass diese Vorstellung etwas unrealistisch klingt, ist nach unseren bisherigen „Gemeinde“-Erfahrungen natürlich verständlich. Trotzdem ist es der Plan und der Wille Gottes. Wenn wir Gott gehorsam sein wollten, müssten wir uns an die Umsetzung machen, im Prinzip unverzüglich, doch wer macht mit? Denn eines ist deutlich: Es geht nur gemeinsam.

Aber die biblische Mindestzahl ist womöglich gar nicht schwer zu erreichen:

> *Amen, ich sage euch: Wenn zwei von euch auf der Erde einig werden, in jeder Sache, um die sie bitten: Sie sollen es von meinem Vater im Himmel bekommen. Denn wo zwei oder drei in meinem Namen versammelt sind, dort bin ich in ihrer Mitte* (Matthäus 18,19-20).

Einheit in der Gemeinde

Von Leitungspersonen in kirchlich strukturierten „Gemeinden“ wird „Einheit“ oft als Argument dafür gebraucht, dass man sich ihnen unterordnen und einer Meinung mit ihnen sein muss. Und die Einheit stören, das will natürlich keiner. Einheit ist ja ein göttliches Anliegen. Nur wird dabei übersehen, dass „Einheit“ im Neuen Testament keine gemeinsame Unterordnung unter menschliche Führer meint. „Einheit“ meint die gemeinsame Einordnung in Gottes Ordnung.

Vom Eins-Sein ist im Neuen Testament öfters die Rede. Der Begriff „Einheit“ als Substantiv kommt dagegen nur zweimal vor, beide Male in Epheser 4. Und dort steht er im Zusammenhang von zwei unterschiedlichen und aufschlussreichen Sichtweisen, die wir hier betrachten wollen:

Erst einmal ist Einheit dort etwas Vorgegebenes und Geschenktes:

> *... und alles daransetzt, die Einheit des Geistes einzuhalten im Band des Friedens:* ***Ein*** *Leib und* ***ein*** *Geist, wie ihr auch mit* ***einer*** *Hoffnung eurer Berufung berufen wurdet,* ***ein*** *Herr,* ***ein*** *Glaube,* ***eine*** *Taufe,* ***ein*** *Gott und Vater aller, der über allen und durch alle und in allen ist* (Epheser 4,3-6).

Diese Einheit muss man nicht schaffen, schon gar nicht durch Unterordnung unter eine menschliche Leitung. Sie ist einfach da, man wird durch die neue Geburt in sie hineingeboren und man muss sie nur „einhalten im Band des Friedens“. Wenn wir in dieser Einheit gemeinsam stehen, dann ist unsere Einheit in Jesus Tatsache. In dieser Einheit sind wir auch alle gleichwertig und gleichberechtigt.

Sollten wir dennoch unterschiedliche Meinungen und Sichtweisen haben, können wir von dieser Basis der Einheit aus in Liebe damit umgehen. Und wir können uns auch auf die weiterführende zweite Stelle zur Einheit besinnen, die wir in anderem Zusammenhang weiter oben schon einmal betrachtet haben:

> *Und er hat die Gesandten gegeben, die Propheten, die Botschafter und die Hirten und Lehrer, um die Heiligen auszubilden zum Tun des Dienstes, zum Aufbau des Leibes des Messias, bis wir alle hinkommen in die Einheit des Glaubens und der klaren Erkenntnis des Sohnes Gottes, in (die Reife) eines erwachsenen Menschen, in das Maß der vollen Lebensgröße des Messias ...* (Epheser 4,11-13).

Hier ist von einer Einheit die Rede, in die wir erst noch hinkommen sollen. In sie soll der Aufbau des Leibes des Messias hineinführen. Das hat den Aspekt, dass keiner von uns so tun muss, als sei er schon dort in der ganzen Erkenntnis. Wir sollen vielmehr gemeinsam hineinwachsen. Wir sollen auch Zeit haben, unsere unterschiedlichen Sichtweisen und Prägungen an der Schrift zu prüfen und gegebenenfalls zu korrigieren.

Hier muss man nicht einfach glauben, was jemand sagt. Man darf sich überzeugen lassen, wenn das, was gesagt wird, von der Schrift her überzeugend ist. So gesehen sind wir noch auf dem Weg zu einem gemeinsamen Ziel und entdecken auch immer wieder Neues.

Wir leben also in der Einheit einer geschenkten Grunderkenntnis und im Wachstum auf die Einheit einer vollen Erkenntnis hin. Eine Haltung der Unfehlbarkeit und des Alles-Könnens und Alles-schon-Wissens erscheint in dieser Sichtweise ausgeschlossen.

Deswegen ist auch „Jünger", das heißt Schüler, eine dauerhafte Bezeichnung der Christen im Neuen Testament. Wie viele Christen kennst du, die noch am Lernen und Wachsen sind? Auch Jesus hat etwas dazu zu sagen:

> *Es geht kein Jünger über den Lehrer. Als Ausgebildeter soll aber jeder wie sein Lehrer sein* (Lukas 6,40).

Da Jesus unser Lehrer ist, bist du erst fertig, wenn du wie Jesus bist. Vorher gibt es keinen Grund, überheblich zu sein und sich wichtig zu nehmen. Und solltest du einmal soweit sein, dann auch nicht mehr.

Die von Paulus in Epheser 4 beschriebene vorhandene und wachsende Einheit der Gemeinde Gottes ist in tieferem Sinne wohl unzerstörbar. Der Herr wird bis zu seiner Wiederkunft einen Leib haben von Geschwistern, die ihn lieben, ihm folgen und ihm dienen.

In der Praxis kann die Einheit vor Ort aber durch das gefährdet werden, was biblisch als Risse oder Spaltungen bezeichnet wird. So hat es Paulus erstmals im ersten Korintherbrief angesprochen, wo es bezeichnenderweise im Kern um die Orientierung an menschlichen Führungspersönlichkeiten geht:

> *Ich bitte euch, Geschwister, durch den Namen unseres Herrn, Jesus des Messias, dass alles, was ihr redet, dieselbe (Absicht hat) und dass es keine Spaltungen unter euch gibt! Ihr wart ausgerüstet mit demselben Verständnis und derselben Meinung. Es wurde mir allerdings über euch mitgeteilt, meine Geschwister, von den Leuten der Chloë, dass es Streitigkeiten unter euch gibt. Ich spreche davon, dass jeder von euch sagt: „Ich gehöre zu Paulus" oder „Ich zu Apollos" oder „Ich zu Kefas" oder „Ich zum Messias"* (1. Korinther 1,10-12).

Die bekannten führenden Brüder Paulus, Apollos und Kefas (Petrus) waren damals mit dieser Aufteilung der einen Gemeinde nicht einverstanden. Und sich zum Messias zu bekennen, ist sicherlich sehr löblich. Aber man sollte es nicht tun, um sich damit von Geschwistern abzugrenzen.

Der tiefste Riss, der durch die uns bekannten „Gemeinden" geht, ist nicht der Riss zwischen dieser und jener Lehre. Es ist vielmehr, wie weiter vorne dargelegt, der Riss zwischen der „Leiterschaft" und der übrigen „Gemeinde". Manchmal ist es direkt auffallend, wie Leiter von der „Gemeinde" sprechen, als ob sie selbst gar nicht dazugehörten. Und faktisch gehören sie auch nicht dazu, sie haben sich abgesondert auf eine andere Ebene.

Wenn wir die Gemeinde im Neuen Testament in ihrer Einheit recht verstehen, dann sind deren Glieder untereinander Geschwister und nichts anderes. Und wenn wir diese Sicht erkannt und bejaht haben, dann haben wir die Basis, auf der wir auch die Frage nach Verantwortlichen in der Gemeinde stellen können. Denn die gibt es tatsächlich im Neuen Testament.

Verantwortliche in der Gemeinde

Das Grundprinzip dürfte nun klar sein: Wenn es Verantwortliche in der Gemeinde gibt, dann können es keine „Oberen" sein. Es müssen „Gleiche" sein.

Einerseits sind im Neuen Testament alle mitverantwortlich als Brüder und Schwestern, als Glieder am Leib des Messias. Andererseits werden tatsächlich einige von ihnen als besondere Verantwortliche betrachtet und dazu auch eingesetzt. Das hängt sicherlich zum einen mit ihrer geistlichen Reife und ihren Gaben zusammen, zum anderen aber auch damit, dass in einer Stadt mit mehreren oder vielen Hausgemeinden zumindest einige den Überblick behalten sollten.

Nach dem Studium der griechischen Begriffe bin ich zu der Überzeugung gekommen, dass wir in den gängigen Bibelübersetzungen in der Regel traditionsbedingten Fehlübersetzungen begegnen. Diese sind aus der Sicht von obrigkeitlicher Gemeindeleitung formuliert worden, entsprechen so aber nicht dem biblischen Text. Weil es hier auf jedes einzelne Wort ankommt, möchte ich die Begriffe, die das Neue Testament gebraucht, im Einzelnen erläutern. Dabei fällt auf, dass es in der frühen Gemeinde offensichtlich gar keine einheitliche Bezeichnung gab, sondern eine sprachliche und kulturelle Vielfalt:

1. Presbýteros

Älteste gibt es genau genommen gar nicht im Neuen Testament. Die korrekte Übersetzung für den traditionell verwendeten Begriff „Älteste" ist nämlich „Ältere". Im Griechischen haben wir es mit dem Wort „presbýteros" zu tun. (Eingedeutscht taucht es in den Lehnwörtern „Presbyter" und „Priester" auf.) Dabei handelt es sich grammatikalisch nicht um den Superlativ von „presbýs" (alt), was „ältester" hieße, sondern um den Komparativ. Der ist aber korrekt mit „älter" oder „Älterer" zu übersetzen. Das Wort „Ältester" wäre auf das griechische „presbýtatos" zurückzuführen, das hier aber nicht vorliegt, womit wir eine falsche Übersetzung haben.

In der christlichen Gemeinde gibt es also keine „Ältesten", weder vom Sinne des Wortes noch von der Lehre her. Älteste, die einen absoluten Status im Sinne eines leitenden Amtes innehaben, sind dort unbekannt. Es gibt im Sinne des Wortes nur „Ältere", die im geistlichen Wachstums- und Reifeprozess relativ gesehen weiter vorangeschritten sind als die anderen. Und in diesem Sinne haben sie eine helfende Älteren-Aufgabe, um die ganze Gemeinde in einer gesunden Entwicklung zu unterstützen, wie etwa ältere Geschwister dies gegenüber jüngeren in einer Familie tun können.

Über die Älteren-Aufgabe hat Petrus geschrieben (1. Petrus 5,1-3):

> *Die Älteren unter euch fordere ich nun auf als Mit-Älterer, Zeuge der Leiden des Messias und Teilhaber der Herrlichkeit, die enthüllt werden wird: Hütet die Herde Gottes bei euch und achtet auf sie, nicht mit Druck, sondern Gott entsprechend in Freiwilligkeit, nicht gewinnsüchtig, sondern bereitwillig, nicht als Beherrscher der Teile, sondern indem ihr Vorbilder der Herde seid!*

Wenn sich die christliche Gemeinde in einer Stadt in mehrere oder viele Hausgemeinden gruppiert, dann sind wohl auch die Älteren diesen „Teilen" der Stadtgemeinde zugeordnet – aber, wie Petrus sagt, nicht als Beherrscher, sondern als Vorbilder.

2. Epískopos

„Bischof" ist ein Lehnwort aus dem Griechischen, es ist von dem Wort „epískopos" abgeleitet. Dieses bezeichnet im Neuen Testament viermal Verantwortliche in den Gemeinden und in 1. Petrus 2,25 einmal Jesus selbst. Die deutschen Übersetzungen des Wortes sind vielfältig.

Die Stelle Apostelgeschichte 20,28 zeigt in ihrem Zusammenhang eindeutig, dass es eine alternative Bezeichnung für „presbýteroi" (Ältere) ist und dass es – dazu passend – mehrere in einer Gemeinde sind. Wie die Evangelien zeigen, ist „presbýteroi" der Begriff aus der jüdischen Tradition.

„Epískopoi" ist dann der entsprechende Begriff aus dem griechischen Kulturkreis.

Das Wort ist zusammengesetzt aus der Vorsilbe „epí" (auf/über) und „skópos" (Sehender/Beobachter). Es könnte deshalb autoritär übersetzt werden als „Aufseher" oder aber funktional als „jemand, der die Übersicht hat".

In der nach-neutestamentlichen Zeit hat sich leider das autoritäre Verständnis durchgesetzt, bis der „Bischof" als geweihter Übergeordneter der unumschränkte Herr einer Ortsgemeinde, dann eines Sprengels oder einer Diözese war. Die Theologen bzw. Historiker nennen das „monarchischer Episkopat". Von der gemeinschaftlichen Struktur der neutestamentlichen Gemeinde her ist das eine gravierende Fehlentwicklung, die alles verfälscht und die Gemeinde zerstört.

Im neutestamentlichen Sinne sind die „epískopoi" in der Gemeinde solche, die „die Übersicht haben". Da es dazu im Deutschen leider kein passendes Substantiv gibt, benutze ich als allgemeinste Übersetzung dafür den Begriff „Verantwortlicher". Aber wohlgemerkt, er ist nicht *der eine* Verantwortliche in der Gemeinde (das ist Jesus selbst); er ist vielmehr einer von mehreren Verantwortlichen bzw. Älteren.

3. Poimén

„Pastor" ist das lateinische Wort für „Hirte", das griechische ist „poimén". Im Neuen Testament kommt es im wörtlichen Sinn vor, z. B. bei den Hirten im Bericht von der Geburt des Messias (s. Lukas 2). Im übertragenen Sinn ist es an mehreren Stellen eine Bezeichnung für Jesus selbst. Er ist der von Gott gesandte gute Hirte, der Anführer und Versorger seiner Herde, der Gemeinde.

Als Bezeichnung von Verantwortlichen in der Gemeinde taucht „Hirten" nur ein einziges Mal auf. Und das ist in der Aufzählung der Gaben in Epheser 4,11, und zwar in der Kombination „Hirten und Lehrer". Aus dieser Tatsache kann man vielleicht auch schließen, dass es keine häufige Bezeichnung war.

Das „Hüten“ als deren Tätigkeit wird zweimal genannt, in Apostelgeschichte 20,28 und 1. Petrus 5,2.

In 1. Petrus 5,4 wird in der Unterweisung gegenüber den „Älteren“ Jesus als der „oberste Hirte“ bezeichnet. Das macht deutlich, wem allein die Vorrang- und Machtstellung in der Gemeinde gehört. Gegenüber dem „obersten Hirten“ sind die menschlichen „Hirten“ dann eben die Älteren in der Gemeinde. In der Verantwortung vor Jesus erfüllen sie innerhalb der geschwisterlichen Gemeinde ihre dienende Aufgabe.

Natürlich hat man das Wort ins Lateinische als „pastor“ übersetzt. Das lateinische „pastor“ aber ins Deutsche zu holen und als Titel eines ordinierten Amtsträgers zu verwenden, ist der gemeinschaftlichen Struktur der Gemeinde wesensfremd. Die Sonderrolle des „Pastors“, wie wir ihn aus protestantischen und freikirchlichen Traditionen kennen, hat hier keinen Platz. Außerdem hat Jesus das Führen von religiösen, kirchlichen oder „geistlichen“ Titeln in Matthäus 23,8-10 eindeutig verboten.

4. Didáskalos

Die Übersetzung dieses griechischen Wortes ist „Lehrer“. Es war in Israel zur Zeit von Jesus Titel und Anrede der Theologen. Sie waren als Gesetzeskundige die Lehrer des Volkes. Jesus hat z. B. auch Nikodemos so genannt (s. Johannes 3,10). Man gebrauchte die Bezeichnung als Anrede parallel zum hebräischen „Rabbi“. Johannes bezeichnete es auch ausdrücklich als dessen griechische Übersetzung (Johannes 1,38): *„Rabbi – was übersetzt Lehrer heißt“.*

Auffallend ist, dass man auch Jesus damit angesprochen hat, obwohl er kein offizieller, d. h. ordinierter Theologe war. Er hat aber offensichtlich einen solchen Eindruck gemacht, dass nicht nur seine Jünger ihn so bezeichneten. Auch Leute aus dem Volk und sogar Pharisäer und Theologen, die ihm durchaus nicht freundlich gesinnt waren, sprachen ihn so an.

Im Gegensatz dazu hat Jesus seinen Jüngern und damit seiner Gemeinde das Führen dieses Titels verboten, als er sagte: *„Ihr aber sollt euch nicht ‚Rabbi‘ nennen lassen!* ***Einer*** *ist* *nämlich euer Lehrer, ihr alle seid Geschwister.“* (Gerade auch dieser Satz zeigt noch einmal die Parallelität zum „Rabbi“.)

In diesem Sinne eines Titels kam er in der neutestamentlichen Gemeinde dann auch nicht vor. Aber als eine funktionelle Bezeichnung für Ältere bzw. Verantwortliche in der Gemeinde taucht er auf. In Epheser 4,11 sind unter den Gaben an die Gemeinde die „Hirten und Lehrer“. In Antiochia waren Propheten und Lehrer in der Gemeinde (s. Apostelgeschichte 13,1).

Laut Jakobus 3,1 soll die Gemeinde nicht so viele Geschwister Lehrer werden lassen, weil der Umgang mit dem Reden eine anspruchsvolle menschliche und geistliche Aufgabe ist. Paulus zählt sie auch in 1. Korinther 12,26 unter den geistlichen Gaben auf.

In Hebräer 5,12 werden die Geschwister getadelt: *„Obwohl ihr von der Zeit her doch Lehrer sein müsstet, habt ihr es wieder nötig, dass man euch lehrt, ...“* Hier wird eine interessante Perspektive sichtbar: Jeder sollte oder könnte ein Lehrer werden, indem er sich geistlich und in der Erkenntnis entsprechend entwickelt. Paulus bezeichnet sich auch selbst so. Und mehrfach wird dann auch vor falschen Lehrern gewarnt.

Also noch einmal: Im Sinne einer Funktion oder Gabe gab es „Lehrer“ in der Gemeinde. Als Anrede oder Titel kam es nicht vor, weil Jesus es ja auch verboten hatte. Die Einrichtung der ordinierten „Lehrer“ bzw. „Rabbis“ wie im Judentum war den christlichen Gemeinden fremd.

5. Hegúmenos:

Diese Bezeichnung wird im Hebräerbrief gebraucht. Und wenn der Brief, wie vermutet, an Judenchristen in Rom geschrieben wurde, mochte sie vielleicht eine besonders in Rom oder dem westlichen römischen Reich gebräuchliche Bezeichnung sein. Das Wort ist das Partizip zu dem Verbum „hegeísthai“, was „führen“ oder „leiten“ bedeutet, also ein „Führender“ oder ein „Leitender“. Es fällt auf, dass hier nicht das Substantiv „Führer“ oder „Leiter“ benutzt wird, auch wenn es in manchen Bibelübersetzungen so steht.

Auch hier wird das Bestreben der frühen Christen deutlich, sich nicht von menschlichen Führern oder Leitern abhängig zu machen, aber führende Christen durchaus anzuerkennen. Es ist im Grunde der gleiche Unterschied wie zwischen dem „Ältesten" und dem „Älteren": nicht absolut gesetzt, aber relativ weiter als die anderen.

In dieser Bedeutung taucht das Wort auch in Apostelgeschichte 15,22 auf:

Da erschien es den Gesandten und Älteren samt der ganzen Gemeinde gut, ausgewählte Männer von ihnen nach Antiochia zu senden, zusammen mit Paulus und Barnabas: Judas, der „Bar Schabba" heißt, und Silas, ***führende*** *Männer unter den Geschwistern …*

Es ist ein deutlicher Unterschied, ob man Hebräer 13,17 übersetzt „Gehorcht euren Führern!" wie z. B. in früheren Lutherübersetzungen, oder *„Lasst euch von euren* ***Führenden*** *überzeugen …"*, wie es der Sprache und dem Geist des Neuen Testaments entspricht. Im ersten Fall wird die Eigenverantwortlichkeit des Einzelnen ausgeblendet im Sinne eines blinden Gehorsams, im zweiten Fall wird sie angesprochen und bestärkt zum eigenständigen Denken und Entscheiden.

Eindeutig ist, was Jesus über die „Führenden" gesagt hat:

Ihr aber sollt nicht so sein! Der Wichtigere unter euch soll vielmehr wie der Jüngere sein und der ***Führende*** *wie der Dienende!* (Lukas 22,26).

Und die Apostel?

Nach dieser Erörterung über die Älteren bzw. Verantwortlichen in der Gemeinde wäre der Blick dann auch noch auf die überörtlich tätigen, gewöhnlich „Apostel" genannten Mitarbeiter Gottes zu richten. Sind nicht wenigstens sie so etwas wie geistliche Leiter, deren Autorität man Gehorsam schuldig ist?

Auch hier tut erst einmal eine begriffliche Klärung gut. „Apostel" ist ein Lehnwort aus dem Griechischen, wo Leute wie

Petrus und Paulus tatsächlich mit dem Wort „apóstolos“ (Plural: „apóstoloi“) bezeichnet werden. Dabei müssen wir natürlich den Ballast abwerfen, der sich im Laufe von fast 2000 Jahren Kirchengeschichte auf den Begriff „Apostel“ bzw. „apostolisch“ gelegt hat. Der entsprechende Begriff aus dem Lateinischen hergeleitet ist übrigens „Missionar“.

„Apóstolos“ kommt von „apostéllein“, was auf Deutsch jemanden „senden“ oder „schicken“ heißt. Es ist also ein „Gesandter“ oder ein „Bote“, ein Untergeordneter, der einen Auftrag erfüllt. Das Spektrum reicht von einem diplomatischen Gesandten des Kaisers bis hin zu einem Sklaven, der eine einfache Mitteilung überbringen muss. Ein Gesandter von Jesus, dem Herrn, zu sein, ist im Reich Gottes eine grundlegende Aufgabe und steht bei den Aufzählungen der geistlichen Gaben in den Paulusbriefen immer an erster Stelle.

In der Gemeinde haben diese Gesandten im Neuen Testament immer eine führende Funktion. In der Urgemeinde in Jerusalem hatten die zwölf von Jesus eingesetzten Gesandten zunächst die Aufgabe von Verantwortlichen bzw. Älteren der Gemeinde und haben sich auch so verhalten. In den Berichten der Apostelgeschichte ist zu erkennen, dass dann mit der Zeit andere Ältere neben sie traten und in Jerusalem die Gesandten immer weniger wurden, weil sie sich ihrer Aufgabe entsprechend aussenden ließen, wohin immer der Herr sie durch den Heiligen Geist schickte bzw. führte.

Als Musterbeispiel ist uns in der Apostelgeschichte und in seinen Briefen der „Apostel“ Paulus gegeben. Er war schon keiner von den Zwölf mehr, aber einer der Propheten und Lehrer in der Gemeinde in Antiochia. Von hier aus wurde er ausgesandt, um seinen Sendungsauftrag zu erfüllen. Es wird in den Berichten deutlich, dass seine „sendende“ Gemeinde in Antiochia keinerlei Weisungsbefugnis über ihn hatte oder ausübte. Es gab keine irdische „Missionsleitung“, der er Rechenschaft schuldig war – auch wenn er bei einem Zwischenbesuch in Antiochia berichtete, was der Herr in seinem Dienst getan hatte.

Und außer der anfänglichen Ausstattung zur Reise wurde er auch nicht von dort bezahlt.

Das Prinzip der Gesandten von Jesus hat Paulus in seinem Brief an die Gemeinde in Rom deutlich so ausgedrückt:

> *So habe ich von Jerusalem und ringsum bis nach Illyrien die Botschaft des Messias vollendet. Aber so, dass ich Wert darauf lege, die Botschaft nicht (da) zu bringen, wo der Messias (schon) genannt worden ist, damit ich nicht auf fremdes Fundament baue, sondern wie es geschrieben steht: „Die, denen nichts über ihn berichtet wurde, werden sehen, und die, die von nichts hörten, werden begreifen!“*[1]
>
> *Deshalb wurde ich auch vielfach aufgehalten, zu euch zu kommen. Jetzt habe ich aber keinen Platz mehr in diesen Gegenden. Und Sehnsucht, zu euch zu kommen, habe ich seit vielen Jahren. Und weil ich nach Spanien gehen (will), hoffe ich – wenn ich (bei euch) durchkomme und euch sehe –, dass ich von euch dann dorthin zur Reise ausgestattet werde, wenn ich zuvor (als) euer (Gast) einigermaßen gesättigt bin* (Römer 15,19b-24).

Einige Prinzipien werden hier deutlich erkennbar:

- Der Auftrag und Dienst eines Gesandten von Jesus dem Messias geht dahin, wo Jesus noch nicht bekannt ist. Er hat erkennbar keine „kirchenleitende“ Funktion. Da, wo die Gemeinde gegründet und aufgebaut ist, hat der Gesandte keinen Platz mehr. Er muss dann weiter, dahin, wo Jesus noch unbekannt ist.
- Die entstandene und gewachsene Gemeinde geht in eigener Verantwortung selbständig weiter ihren Weg. Jesus selbst leitet sie durch den Heiligen Geist. Ihre Älteren bzw. Verantwortlichen sind ihre Lehrer und Vorbilder im Leben mit Jesus.
- Bestehenden Gemeinden, wie der in Rom, begegnet der Gesandte in brüderlicher und partnerschaftlicher Haltung. Er bittet sie um die gewünschte Zusammenarbeit.

---

[1] S. Jesaja 52,15.

- Auch im genannten Beispiel spricht Paulus in Rom die Gesamtheit der Geschwister an, denen er begegnen und bei denen er sich mit seinem Brief einführen will. Von beiden Seiten ist keine Art von „Kirchenleitung“ im Spiel.
- Paulus sieht seinen Weg von Gott geführt und möchte, dass das auch die Geschwister in Rom so sehen. Der Wille Gottes und die daraus folgende Leitung des Heiligen Geistes sind das entscheidende Element.

Es gibt in der neutestamentlichen Gemeinde keinen Platz für örtliche oder überörtliche autoritäre Führungsstrukturen. Es herrscht eine Atmosphäre des Gehorsams gegen Gott und des gegenseitigen Respekts unter Geschwistern. Die überörtlichen Gesandten des Herrn arbeiten in dienender Haltung mit der Autorität der Vollmacht von Gott. Und diese zeigt sich in der Überzeugungskraft ihres Dienstes, nicht in der Berufung auf Titel und Leitungspositionen.

Auch die Apostel bzw. Gesandten sind Brüder und Glieder am Leib des Herrn, der Gemeinde. Gleichwertig und gleichgestellt, mit einer besonderen Gabe und Aufgabe von Gott. Paulus drückt es auch so aus (2. Korinther 1,24):

> *Nein, wir herrschen nicht über euren Glauben, wir sind vielmehr Mitarbeiter eurer Freude.*

Als die Gemeinde in Korinth begonnen hatte, sich aufzuspalten durch die Orientierung an menschlichen Führungspersonen, wie Paulus, Apollos oder Kefas (Petrus), rückte Paulus das scharf zurecht:

> *Deshalb soll auch niemand auf Menschen stolz sein. Alles gehört doch euch: Sei es Paulus, sei es Apollos, sei es Kefas, sei es Welt, sei es Leben, sei es Tod, sei es Gegenwärtiges, sei es Kommendes, alles gehört euch, ihr aber (gehört) dem Messias, der Messias (gehört) Gott* (1. Korinther 3,21-23).

Orientieren muss man sich also am Messias und an Gott, nicht an Menschen, und mögen es noch so begnadete und vollmächtige göttliche Gesandte sein. Orientierung an Menschen bringt Spaltung, Orientierung an Jesus bringt Einheit.

Die Lehrautorität in der Gemeinde

Die Gesandten des Anfangs sind andererseits natürlich die von Gott gegebenen Lehrer, deren Lehre für die ganze Gemeinde verbindlich ist. Die von Jesus ausgewählten, ausgebildeten, beauftragten und gesandten Zwölf haben die Lehre von und über Jesus weitergegeben. Und damit haben sie den Grund der universalen christlichen Gemeinde gelegt. Ihre Namen sind Simon Petrus, Andreas, Jakobus, der Sohn von Zebedäus, Johannes, Philippus, Bartholomäus, Thomas, Matthäus, Jakobus, der Sohn von Alfäus, Thaddäus, Simon der Zelot und Matthias. Nicht umsonst tauchen sie auch am Ende der Offenbarung wieder auf, wo die verherrlichte Gemeinde in Gestalt des neuen Jerusalems aus dem Himmel auf die neue Erde herabkommt:

> *Die Stadtmauer der Stadt hat zwölf Fundamentsteine und auf ihnen die zwölf Namen der zwölf Gesandten des Lammes* (Offenbarung 22,14).

Die Lehre dieser Gesandten ist durch die Autoren der neutestamentlichen Schriften bis zu uns gekommen. Auch ihre Namen sind bekannt: Matthäus, Markus, Lukas, Johannes, Paulus, Jakobus, Petrus, Judas und Barnabas (der mutmaßliche Autor des Hebräerbriefs). *Sie* könnte man mit Recht die „Lehrer der Kirche" nennen, wenn die „Kirche" diese Bezeichnung nicht unmöglich gemacht hätte. Sie hat diese Lehrer nämlich zur Seite gestellt und sich ihre eigenen Lehrer und Lehren gemacht. Und das macht sie bis heute.

Für die Gemeinde des Herrn, die Jesus treu folgt, bleibt die Lehre dieser Männer aber für immer verbindlich. In ihr vernimmt sie die Stimme ihres guten Hirten. In ihr erkennt sie den ganzen Willen Gottes, den zu tun ihr oberstes Bestreben ist. Deshalb brauchen wir in der einfachen Gemeinde einfacher Christen das einfache Bibelverständnis, das immer danach fragt, was in den biblischen Schriften im eigentlichen Sinne ursprünglich gemeint ist. Diese Schriften sind für alle da und für alle verständlich. Auch hier hat die Weisheit Gottes etwas geschenkt, was die Gleichwertigkeit und Verantwortlichkeit der Geschwister in der Gemeinde zum Ausdruck bringt.

Der Blick auf die himmlische Gemeinde

Die Gemeinschaftsstruktur der christlichen Gemeinde als die *eine* Gemeinde unter dem *einen* Hirten Jesus wird auch noch anders deutlich. Betrachten wir einmal die Bilder der verherrlichten Gemeinde im Himmel, wie sie in der Offenbarung in Erscheinung tritt. Die Gemeinde im Himmel nach der Auferstehung bzw. Entrückung wird an zwei Stellen gezeigt:

> *Danach sah ich: Da war eine große Menschenmenge, die niemand zählen konnte, aus jeder Volksgruppe, aus Stämmen, Völkern und Sprachen. Die standen vor dem Thron und vor dem Lamm, gekleidet mit weiß leuchtenden Gewändern und mit Palmzweigen in ihren Händen. Und sie riefen mit lauter Stimme: „Die Rettung (ist geschehen) durch unseren Gott, der auf dem Thron sitzt, und durch das Lamm!“* (Offenbarung 7,9-10).

> *Und ich sah etwas wie ein Meer aus Kristall mit Feuer vermischt, und die, die gesiegt hatten – heraus aus (dem Machtbereich) des Tieres, seines Bildes und der Zahl seines Namens. Sie standen an dem Meer aus Kristall und hatten Gottes Harfen. Und sie singen den Gesang Moses, des Sklaven Gottes, und den Gesang des Lammes: „Groß und wunderbar sind deine Werke, Herr, Gott, Allmächtiger! Gerecht und wahr sind deine Wege, König der Völker! Wer sollte sich nicht fürchten, Herr, (wer sollte) deinen Namen (nicht) ehren? Denn du allein bist heilig! Alle Völker werden kommen und sich vor dir zu Boden werfen. Denn deine gerechten Taten sind sichtbar geworden!”* (Offenbarung 15,2-4).

Wenn sie im Himmel als die eine große Schar von Geretteten und Siegern vor dem Thron Gottes stehen, sind keine menschlichen Leitungsstrukturen unter ihnen erkennbar. Sie sind alle gleich vor Gott und dem Lamm. Sollte man nicht aus der Struktur der himmlischen Gemeinde auch Rückschlüsse auf die irdische Gemeinde ziehen?

Oder umgekehrt gefragt: Können wir uns ernsthaft vorstellen, dass wir bei unserem Einzug im Himmel vor Gottes Thron von einer Heerschar von Ältesten, Pastoren, Priestern, Bischöfen und sonstigen Leitern begleitet werden, die uns womöglich dort einweisen und anleiten, was wir zu beachten haben und was zu tun oder zu lassen ist? Eine absurde Vorstellung!

Diese Art von Leuten wäre im Himmel völlig fehl am Platz. Sind sie dann nicht auch im Reich Gottes hier auf der Erde fehl am Platz? Ich denke, das Bild der neutestamentlichen Gemeinde gibt eine klare Antwort darauf: Sie sind nicht nur überflüssig, sie sind schädlich. Gott hat sie nie gewollt.

Kapitel 5

Die Antwort auf das klerikale System

Warum das System funktioniert

Um der Sache einen Namen zu geben, nenne ich die absurde Herrschaft von Christen über Christen das „klerikale System“. Es gibt darin natürlich große Unterschiede. Da ist das großkirchliche Amtsverständnis am einen Ende der Skala und die Steuerung einer „freien“ Gemeinde durch einen oder mehrere „Gemeindeälteste“ am anderen Ende. Aber diese Unterschiede sind nur theoretisch. Praktisch haben sie alle für die Gemeinde die bekannte entmündigende und damit geistlich schädliche Wirkung.

Es stellt sich die Frage, woher die Hartnäckigkeit kommt, mit der sich dieses klerikale System so weitgehend durchgesetzt hat und sich auch in neuen Bewegungen immer wieder durchsetzt. Sicherlich kann man dabei auch bei den Schwächen der menschlichen Natur nach Ursachen suchen.

Auf der Seite der „Leiter“ sehe ich hier zwei Schwerpunkte: Da ist zum einen das Bedürfnis, sich wichtig zu fühlen, und zum anderen das Bedürfnis, Kontrolle zu haben bzw. Macht auszuüben. Sich wichtig zu fühlen, eine Bedeutung zu haben, Anerkennung zu bekommen, ist ein menschliches Grundbedürfnis. Dieses sollte aber bereits durch das Wesen des Reiches Gottes überreichlich befriedigt sein bzw. werden. Du bist als Kind Gottes geliebt und akzeptiert. Du bist Bruder oder Schwester von Jesus dem Messias, du bist Freund oder Freundin von Gott selbst. Was gibt es mehr?

Es gibt keine bedeutenderen und wichtigeren Personen und Positionen auf Gottes Erdboden. Und diese Sichtweise gibt auch nochmals Klarheit darüber, wie irre der Gedanke eigentlich ist, dass einem solchen Mann oder einer solchen Frau Gottes jemand übergeordnet sein sollte, außer Gott selbst. Wer sollte sich über einen Sohn oder eine Tochter Gottes erheben dürfen?

Das Grundübel des Stolzes mit dem Streben nach Ehre und Anerkennung hat Jesus für sich selbst völlig abgelehnt und auch an seinen Gegnern scharf verurteilt:

> *Ehre von einem Menschen nehme ich nicht an, aber ich kenne euch: Die Liebe Gottes habt ihr nicht in euch. Ich bin gekommen im Namen meines Vaters, und ihr nehmt mich nicht an. Wenn ein anderer kommt in seinem eigenen Namen, den werdet ihr annehmen. Wie könnt ihr glauben, wenn ihr Ehre voneinander annehmt? Und die Ehre, die vom einzigen Gott kommt, sucht ihr nicht* (Johannes 5,41-44).

Sich selbst wichtig zu nehmen, steht auch in Zusammenhang damit, dass man Kontrolle behalten oder Macht ausüben will. Denn man muss es sich selbst ja zutrauen, dass man „geistliche Leitung" über andere ausüben kann, weil man es besser weiß und besser kann. Dass man damit Brüder und Schwestern ihrer geistlichen Verantwortlichkeit beraubt und auch Jesus, dem Herrn, bzw. dem Heiligen Geist letztlich die Fähigkeit abspricht, seine Gemeinde selbst zu leiten, fällt im Zuge der großen Verantwortlichkeit und Wichtigkeit, die man auf sich nimmt, wohl nicht auf. In dieser Sichtweise zeigt sich auch deutlich, welche Unverschämtheit und Hybris diese Art von „geistlicher Leitung" in Wahrheit beinhaltet.

Dem gegenüber steht ein menschliches Bedürfnis nach Schutz, Geborgenheit und Vertrautheit, Wissen, wo ich hingehöre, wem ich mich anvertrauen darf, wer sich um mich kümmert. Dieses Bedürfnis ist völlig legitim. Aber in der Beziehung zu Gott sollte es mehr als reichlich befriedigt sein und werden:

> *Wer in der Geborgenheit des Höchsten wohnt, in der Bedeckung des Gewaltigen übernachten will, soll sagen zu dem*

HERRN: „Meine Zuversicht und meine Burg, mein Gott, auf den ich vertraue!“ (Psalm 91,1).

In diesem Sinne darf gerne auch der 23. Psalm wieder einmal gelesen werden: *„Der Herr ist mein Hirte …“*.

Wenn im christlichen Bereich dieses Bedürfnis aber auf der menschlichen Ebene ausgelebt wird, begibt man sich in Abhängigkeit von Menschen. Und diese Menschen hält man für größer, wichtiger, bedeutender als sich selbst. Ihnen kann man sich anvertrauen. Ihnen darf man glauben. Bei ihnen darf man sich fallen lassen. Von ihnen kann man sich getrost leiten lassen. Unmündigkeit kann so bequem sein. Als man diese Problematik einmal in einer Gemeindeversammlung diskutierte, brachte es eine liebe Schwester so zum Ausdruck: „Ja, es stimmt: ‚Pastor‘, das hat so was Gemütliches.“

Menschliche Bedürfnisse auf der menschlichen Ebene auszuleben, ist menschlich verständlich und normal. Aber im Reich Gottes ist die menschliche Art fehl am Platz. Die menschliche Natur ist der Feind des Geistes. Sie hindert Menschen, ihre ganze und wahre Erfüllung in der Beziehung zu Gott zu finden:

Das Begehren der menschlichen Natur (geht) ja gegen den Geist, das (Begehren) des Geistes aber gegen die menschliche Natur. Diese (zwei) stehen einander entgegen, sodass ihr (das Gute), das ihr (eigentlich) wollt, nicht zustande bringt (Galater 5,17).

Die aber, die dem Messias Jesus gehören, haben die menschliche Natur am Kreuz hingerichtet mit den Leidenschaften und den Trieben (Galater 5,24).

Wie kann Gott das zulassen?

Manche Menschen werden an dem, was ich „klerikales System“ nenne, irre, oder sie werden durch dieses System sehr verletzt. Und nicht nur bei ihnen kann die Frage auftauchen, warum Gott so etwas überhaupt zulässt. Halten wir es aber am besten erst einmal als Tatsache fest: Offenbar lässt Gott es zu – und zwar bereits seit den Tagen der ersten Christen, wenn wir das Neue Testament aufmerksam betrachten.

Und wenn wir akzeptieren, dass Gott es zulässt, dann muss sich auch ein Sinn dafür finden lassen. Bei Paulus finden wir eine Spur:

> *Es muss freilich auch Richtungen geben unter euch, damit die Brauchbaren unter euch sichtbar werden* (1. Korinther 11,19).

„Richtungen" unter den Christen sind wohl immer die Wurzel eines klerikalen Systems: Menschen, die sich zu Anführern machen oder zu Anführern gemacht werden, und Menschen, die sich zu ihnen hingezogen fühlen und ihnen folgen. Paulus hat damals in Korinth diese Sache mit großem Einsatz noch erfolgreich bekämpfen können. In der folgenden Generation fing das „System" dann an, sich durchzusetzen – bis heute.

Aber *„es muss freilich auch Richtungen geben unter euch, damit die Brauchbaren unter euch sichtbar werden"*. Brauchbare sollen sichtbar werden, Brauchbare für Jesus, Brauchbare für das Reich Gottes. Es ist ein Test: Lassen wir uns verleiten, Geschwister von uns abhängig zu machen? Lassen wir uns verleiten, uns von „Leitern" abhängig zu machen? Lassen wir uns verleiten, aus der persönlichen und direkten Führung des Herrn in unserem Leben auszuscheren und andere führen zu wollen oder uns von anderen führen zu lassen?

Wenn wir brauchbar sein wollen, müssen wir diesen Versuchungen widerstehen. Wir müssen persönlich in der Führung des Herrn bleiben und auch die Geschwister darin unterstützen, persönlich in der Führung des Herrn zu bleiben. Dann ist geistliches Wachstum unausweichlich.

Dass es Versuchung und Verführung in der christlichen Gemeinde gibt, ist ein Thema, das das ganze Neue Testament durchzieht. Woher das kommt und warum es zugelassen wird, das hat Jesus z. B. in dem Vergleich mit dem Unkraut im Weizen gesagt:

Das Königreich der Himmel gleicht einem Menschen, der guten Samen auf seinen Acker gesät hatte. Während die Leute schliefen, kam aber sein Feind, säte Zizanien dazu, mitten unter den Weizen, und ging weg. [Zizanien sind ein giftiges Unkraut, dessen Blätter wie die des Weizens aussehen.]
Als die Halme aber getrieben hatten und Frucht hervorbrachten, da sah man auch das Unkraut. Die Sklaven gingen zum Hausherrn und sagten ihm: „Herr, hast du nicht guten Samen auf deinen Acker gesät? Woher hat er dann Zizanien?“ Er sagte ihnen: „Ein feindlich gesinnter Mensch hat das getan.“
Die Sklaven sagten ihm: „Willst du denn, dass wir gehen und sie einsammeln?“ Er sagte: „Nein, damit ihr nicht beim Einsammeln der Zizanien gleich den Weizen mit ihnen ausreißt! Lasst beides zusammen wachsen bis zur Ernte! Und in der Erntezeit werde ich zu den Erntearbeitern sagen: Sammelt zuerst die Zizanien ein und bindet sie in Bündel zum Verbrennen! Den Weizen lagert in meinem Kornspeicher ein!“

Man warnt uns also von Anfang an vor Versuchung und Verführung. Dann brauchen wir uns auch nicht darüber zu wundern, dass es sie unter uns gibt. Dann geht es darum, sie zu durchschauen und ihre Angebote zu meiden. Und wenn man darauf hereingefallen ist, kann man mit Hilfe des Wortes Gottes und des Heiligen Geistes den Weg heraus finden. Dazu soll ja auch dieses Buch einen Beitrag leisten. Also, versuchen wir, ein paar Schritte zu gehen:

Wo stehe ich?

Jeder Wanderer weiß, dass man, um einen Weg zu finden, nicht nur das Ziel, sondern auch den Ausgangspunkt und die aktuelle Position kennen muss. Wie habe ich angefangen mit Jesus, wie weit bin ich ihm gefolgt? Wann und wie bin ich von diesem Weg abgewichen? Wie lange bin ich falsch gelaufen? Habe ich überhaupt einmal mit Jesus angefangen, oder bin ich schon immer nur mitgelaufen? Wie bin ich dahin gekommen, wo ich jetzt bin? Und hier haben wir eine Grundvoraussetzung des Christseins:

Bereit sein, sich zu ändern

Ich denke, dass es im landläufigen Christentum eines der am wenigsten beachteten unter den grundlegenden Themen ist. Es geht um das griechische „metanoéite“, das Martin Luther mit „Tut Buße!“ übersetzt hat. Das griechische Wort bedeutet ganz wörtlich „umdenken“, das heißt, sein Denken zu ändern. Vorausgesetzt ist dabei, dass, wenn das Denken sich ändert, sich das ganze Leben ändert, sich der ganze Mensch ändert. Deshalb übersetze ich das Wort mit „sich ändern“, „sich ändern wollen“ oder „bereit sein, sich zu ändern“.

Die ganze neutestamentliche Geschichte fängt damit an:

> *In jenen Tagen kam Johannes der Täufer und verkündete in der Wüste von Judäa: „Seid bereit euch zu ändern! Denn das Königreich der Himmel ist nahegekommen“* (Matthäus 3,1-2).
>
> *Von da an fing Jesus an zu verkünden und zu sagen: „Seid bereit euch zu ändern! Denn das Königreich der Himmel ist nahegekommen“* (Matthäus 4,17).

Es geht weiter in der Apostelgeschichte:

> *Petrus sagte zu ihnen: „Seid bereit euch zu ändern! Jeder von euch muss sich untertauchen lassen im Namen von Jesus dem Messias, zur Vergebung eurer Sünden, und ihr werdet das Geschenk des Heiligen Geistes bekommen“* (Apostelgeschichte 2,38).

Und es steht in der Offenbarung:

> *Sei also bereit dich zu ändern!* (Offenbarung 2,16).

Und an dieser Stelle ist es zu Christen gesagt.

Der Weg vom Sünder zum Heiligen kann ja nur ein gewaltiger Veränderungsprozess sein. Es ist das Lebenselement eines lebendigen Christen, dass er in der Gemeinschaft mit Jesus und unter der Leitung des Heiligen Geistes bereit ist, jegliche Veränderung in seinem Leben umzusetzen, die dem Willen Gottes entspricht. Das Festhalten am Alten gegen den Willen Gottes ist Ungehorsam und damit Sünde. Wer nicht bereit ist, sich zu ändern, kann den Weg mit Jesus nicht gehen.

Wenn man im Gegensatz zur Breite des kirchlichen Christentums in manchen christlichen Kreisen aufgrund biblischer Motivation dennoch anstrebt, dass Menschen sich ändern, dann meistens doch eher moderat. Man will ja niemanden abschrecken oder verlieren. Man will möglichst viele Leute dahaben, auch im kleinsten Kreis. Die Quantität kommt auf diese Weise immer vor der Qualität.

Dass sogenannte „Leiter“ sich ändern, wird man in diesem System in der Regel gar nicht erleben. Denn sie müssen kraft Amtes von vornherein immer schon richtigliegen und dürfen sich nicht in Frage stellen lassen. Persönliche Veränderung ist hier weitgehend blockiert. Es genügt in der Regel, einfach „nett“ zu sein.

Was man dagegen sehr gerne tut, ist, die Welt zu verändern, es zumindest zu versuchen. Ob nun konservativ im Kampf gegen Abtreibung oder progressiv gegen soziale Ungerechtigkeit, das Prinzip ist das Gleiche. Wenn wir uns schon selbst nicht ändern wollen, dann verbessern wir doch wenigstens ein Stück weit die Welt. Man äußert sich mehr oder weniger laut zu politischen Fragen, und man redet den Leuten ein, ein jeder hätte die Aufgabe, die Welt ein Stückchen besser zu machen.

Dass es im Neuen Testament dafür weder einen Auftrag noch eine Verheißung gibt, fällt angesichts des guten Willens und der Dringlichkeit der Sache nicht auf. Wir sollen laut der Botschaft von Jesus aber nicht die Welt von der Sünde abhalten. Wir sollen vielmehr selber die Sünde ablegen, uns selbst ändern. Unser Auftrag in der Welt ist, Zeugen zu sein, nichts anderes.

Der zentrale Punkt, an dem es in christlichen Kreisen aber keinerlei Bereitschaft oder Möglichkeit zu Veränderungen gibt, ist die sündige Grundstruktur im System der jeweiligen Gemeinde oder Kirche. Hier hat offensichtlich auch Jesus selbst grundsätzlich nichts dreinzureden. Wir haben weiter vorne bereits ausführlich darüber gesprochen.

Das heißt, dass du als Christ zunächst einmal auf dich allein gestellt bist, wenn es darum geht, zu neuen Ufern aufzubrechen. Aber das Wort von Jesus „Folge mir nach!“ hat ja immer schon dem Einzelnen gegolten. Daraus ergibt sich nun meine Anrede an jeden Einzelnen, der bereit ist, sich zu ändern:

Wenn du ein „Laie“ bist

Mach dir klar, dass es im Reich Gottes, in der Gemeinde von Jesus, keine Laien gibt. Alle sind Jünger, Geschwister, Theologen, Heilige, Priester, Söhne und Töchter Gottes. Dass du menschlich gesehen vor Gott nichts bist, gilt für alle anderen auch.

> *Wenn jemand meint, etwas zu sein, obwohl er nichts ist, macht er sich selbst etwas vor* (Galater 6,3).

Deswegen bleiben wir alle in Demut, Bescheidenheit und Gottesfurcht. Aber alle menschlichen Minderwertigkeitsgefühle legen wir ab. Dass andere Geschwister in geistlicher Reife und geistlichen Gaben schon weiter sind, erkennen wir neidlos an und achten und schätzen sie dafür. Aber vor Gott sind wir alle gleichwertig und gleich wichtig.

Im Namen von Jesus hast du Autorität, Dinge in deinem Leben zu ändern. Und wie wir gelernt haben, beginnt die Veränderung im Denken bzw. in den Herzenseinstellungen. Sag dich also los von aller falschen Bescheidenheit, von Minderwertigkeit, von Zurücksetzung. Sag dich los von allen Menschen, die dir diese Dinge eingeredet bzw. eingepflanzt haben. Vergib ihnen, lass sie los, gib sie ab an Jesus. Und sag dich im Namen von Jesus vom antichristlichen Geist der Minderwertigkeit und des Laientums los.

Sag dich los von allen menschlichen Autoritäten, die Macht über dich ausgeübt haben. Setze sie im Namen von Jesus ab, sie dürfen keine Macht mehr über dein Leben haben. Vielleicht stellst du vor Gott bewusst noch einmal klar, dass Jesus der Messias die von Gott gesetzte und einzige Autorität in deinem Leben ist. Sein Wille ist der Maßstab, an dem alles gemessen wird.

In der Gemeinde steht niemand über dir, niemand höher als du, außer dass wir alle *„mit Bescheidenheit einander für Höherstehende“* halten (Philipper 2,3). Du bist ein gleichwertiges Glied am Leib der Gemeinde, das sich entsprechend seiner Erkenntnis und seiner Gaben sowie unter der Leitung des Heiligen Geistes einbringt.

Wenn du ein „Leiter“ bist

Mach dir klar, dass es im Reich Gottes, in der Gemeinde von Jesus, Ältere gibt, Erfahrenere, Mentoren, Lehrer, Verantwortliche, Begabte, aber keine „Leiter“. Der Herr ist Jesus, er ist der Leiter, er leitet durch den Heiligen Geist.

> *Der Herr ist aber der Geist, und wo der Geist des Herrn ist, ist Freiheit* (2. Korinther 3,17).

Die Gemeinde wird entweder von Menschen geleitet oder vom Heiligen Geist. Das ist eine Alternative. Beides zusammen geht nicht. Du musst dich entscheiden und von deinem mehr oder weniger hohen Ross heruntersteigen, um wieder ein einfacher Christ zu werden, eines der Geschwister.

Vielleicht erinnerst du dich zurück an Zeiten, in denen du noch ein einfacher Christ warst. Die wird es ja vermutlich gegeben haben. Du hattest eine unmittelbare Verbindung zu Jesus und zu den Geschwistern. Dann hat man dich zu einem Leiter gemacht, herausgehoben aus den anderen. Womöglich hat man das mit einem Ruf Gottes begründet. Womöglich hast du eine Ausbildung gemacht. Womöglich warst du stolz darauf. Womöglich waren auch andere stolz auf dich. Nun warst du etwas Besonderes, ein Sonderchrist, ein Spezialchrist, mit Sonderrolle, mit Titel und vielleicht auch Gehalt.

Die Gemeinde wurde dir zum Gegenüber, zum Objekt. Du hast gelernt, sie objektiv von außen zu betrachten. Du merkst, du gehörst nicht mehr dazu, auch wenn alle theologischen Theorien etwas anderes behaupten. Wenn du „Gemeinde“

sagst, meinst du andere, wenn du „wir" sagst, meinst du eine Gruppe von Leitern.

Jesus sagt:

> *Ich habe gegen dich, dass du deine erste Liebe verlassen hast. Erinnere dich also, wovon du gefallen bist, ändere dich, und tu die ersten Werke!* (Offenbarung 2,4).

Dich wirklich ändern kannst du nur, wenn du ganz klar erkennst, woher du kommst und wohin du dich verirrt hast. Du musst bereit sein, den Titel, das Amt und alles, was damit zusammenhängt, aufzugeben. Erkenne das menschliche Denken, die weltliche Struktur und den Götzendienst, der darin steckt!

Du sollst ein einfacher Christ werden, in die erste Liebe kommen und die ersten Werke tun. Erinnerst du dich? Ich sage dir, es ist befreiend. Jesus darf wieder allein der Herr in deinem Leben sein und du ein einfacher Nachfolger. Er darf dich mit deinen Gaben gebrauchen, wann, wo und wie *er* will. Und die Geschwister sind wieder Geschwister. Auch hier gilt das Ablegen: Lege die Sonderrolle ab, lege den Titel ab, lege das Amt ab.

Als ich selbst so weit war, habe ich mich im Namen von Jesus davon losgesagt, alles bei ihm abgelegt, an seinem Kreuz, hineingegeben in seinen Tod. Meine Urkunde über die Ordination zum kirchlichen Dienst habe ich unter Gebet feierlich vor Gott verbrannt.

Und sag dich im Namen von Jesus los vom antichristlichen Geist der Überhebung und des Leitertums. Du meinst, dass dich das viel kostet? Du bist in guter Gesellschaft:

> *Dann ergriff Petrus das Wort und sagte ihm: „Sieh, wir haben alles verlassen und sind dir gefolgt …"* (Matthäus 19,27).

> *Dann sagte Jesus seinen Jüngern: „Wenn jemand mir nachgehen will, soll er sich selbst verleugnen und seinen Kreuzigungsbalken tragen und mir folgen"* (Matthäus 16,24).

Wer hat gesagt, dass die Nachfolge nichts kostet? Das Spiel ist zu Ende, jetzt wird's ernst. Keine Ausreden mehr. Jesus ruft dich.

Die einfache Gemeinde

Nachdem du weder Laie noch Leiter mehr bist, kannst du als einfacher Christ ein einfaches Leben in Gemeinschaft mit anderen einfachen Christen führen. Man könnte auch sagen: als normaler Christ ein normales Leben in einer normalen Gemeinde, wobei die „Norm“ in „normal“ durch Gott gesetzt und im Neuen Testament nachzulesen ist. Durch eine neue Geburt bist du hineingeboren in den irdischen Leib des auferstandenen Messias.

Ich unterstelle jetzt einmal, dass du die vier grundlegenden Elemente der Wiedergeburt vollzogen bzw. erlebt hast:

- die Entscheidung zum Glauben an Jesus den Messias als den Sohn Gottes und Retter,
- das Eingestehen und Ablegen der Sünde (Sinnesänderung auf Gott hin),
- das Begraben des alten Menschen durch Untertauchen im Wasser und Auftauchen in ein neues Leben (Taufe, Lebensübergabe),
- den Empfang von Heiligem Geist, der Wohnung in dir genommen hat (Versiegelung, Erfüllung, Taufe mit Heiligem Geist).

Wie jeder normale Christ bist du ein Jünger von Jesus, ein Nachfolger, ein Zeuge, ein Heiliger und ein Priester Gottes. Ich hoffe, es ist klar, dass sich diese Aussagen immer gleichermaßen auf Männer und Frauen beziehen!

> *(In ihm) gibt es keinen „Juden“ und keinen „Nichtjuden“ mehr, keinen „Sklaven“ und keinen „Freien“, keinen „Mann“ und keine „Frau“, denn ihr seid alle eins im Messias, Jesus* (Galater 3,28).

Indem du in Wasser und Geist getaucht bist, bist du auch eingetaucht in den Leib der Gemeinde. Sie besteht aus allen, die aus Gott neu geboren sind. Unsere erkenntnismäßige Grundlage ist die Bibel. Unsere innere Verbindung ist der Heilige Geist, durch den *„die Liebe Gottes ausgegossen ist in unseren Herzen“* (Römer 5,5). Diese Gemeinde ist ein internationales Gesamtwerk, das lokal in Erscheinung tritt, und du bist einer ihrer Vertreter.

In dieser Gemeinde ist alles persönlich, einfach, ehrlich und direkt, im positiven Sinne: familiär. Alles Offizielle, Formale, Programmatische, Gesteuerte und Manipulative hat keinen Platz. Christsein und Gemeinschaft werden hier weder veranstaltet noch gespielt, sondern gelebt. Man nimmt sowohl Gott als auch den Bruder und die Schwester ernst. Unter der Leitung des Heiligen Geistes dient man einander und baut Gemeinde. Weiter oben habe ich Gaben und Aufgaben schon behandelt.

Vor allem auf *ein* Element des kirchlichen (Anti-)Christentums wird hier ganz verzichtet:

Das Ende der Predigt

Als jemand, der in den letzten 50 Jahren nicht nur unzählige Predigten gehört, sondern auch selbst gehalten hat, weiß ich, wovon ich spreche. Die in frommen Kreisen sogenannte und hochgehaltene „Wortverkündigung“ als Teil eines sonntäglichen Programms namens „Gottesdienst“ soll möglichst „gut“ sein. Das heißt, sie soll unterhaltsam und gehaltvoll sein und auf jeden Fall die frommen Ansichten des Hörers möglichst bestätigen. Auf keinen Fall darf sie jemandem zu nahetreten oder jemanden erschrecken. Die „Wortverkündigung“ verkündigt viele Wörter und – dazwischen versteckt – auch mehr oder weniger etwas vom Wort Gottes. Und zwischen den Zeilen kann man dann ganz gut heraushören, was der Prediger meint, wenn man es hören will.

Das grundlegend Falsche an dieser Art der Predigt ist ihre Unverbindlichkeit. Der Prediger hat einen Auftritt vor Publikum. Er allein ist dafür zuständig, was er sagt und wie er es sagt. Und die Zuhörer sind allein dafür zuständig, was sie heraushören und was sie daraus machen. Es war eine interessante Erfahrung für mich, als eine Predigthörerin einmal begeistert eine meiner Predigten lobte – für etwas, das ich in meiner Predigt mit keinem Wort gesagt hatte. Unverbindlich heißt, der eine darf sagen, was er will, die anderen dürfen hören, was sie wollen, von „umsetzen“ oder „tun“ ganz zu schweigen. Die Hauptsache ist, dass beide Seiten am Ende irgendwie mit sich zufrieden sein können – dann war es eine „gute“ Predigt. Nun, ich weiß, dass es auch Prediger gibt, die ihre Sache ernst meinen, aber das ändert nichts am System. Es ist keine biblische Art zu lehren.

Jesus und seine Gesandten haben so nicht gesprochen. Sie haben „verkündet“ und „gelehrt“. Sie haben verbindlich gelehrt, und die Zuhörer mussten sich entscheiden. Es ging nicht um Erfolg oder Unterhaltungswert, sondern um die Wahrheit. Jesus hat auf dem Höhepunkt des Zulaufs der Massen, kurz nach der Speisung der 5000, mit einer einzigen Rede seine damalige Anhängerschaft, die Tausende zählte, fast komplett verloren, um nicht zu sagen verjagt – wegen der Wahrheit (nachzulesen in Johannes 6).

Das ist im Neuen Testament das Prinzip bei öffentlicher Verkündigung: Verkündet wird die Botschaft, die Wahrheit, das Wort Gottes, und die Hörer müssen sich entscheiden. Natürlich gibt es auch einen Zeitraum, in dem man sich mit der Sache befassen und auseinandersetzen kann. Sie sollte ja auch tatsächlich wohlüberlegt sein. Aber keiner kommt um eine Entscheidung herum. Und wer sich dauerhaft nicht entscheidet, hat sich auch entschieden.

Ein ganz anderes und neuartiges Prinzip gibt es dann noch innerhalb der Gemeinde:

> *Propheten sollen zwei oder drei sprechen, die anderen sollen beurteilen* (1. Korinther 14,29).
>
> *Achtet prophetische Worte nicht gering, prüft alles, und behaltet das Gute!* (1. Thessalonicher 5,20-21).

Da alle Jünger sind und alle auch Priester und Theologen sind, die den Geist der Prophetie haben, können sie prüfen und beurteilen, was gesagt wird. Aber auch hier geht es um Verbindlichkeit: Kommt das Gesagte von Gott, wird es angenommen mit allen Konsequenzen. Kommt es nicht von Gott, wird es verworfen. Es ist Ernst. Man kann nicht einfach irgendetwas daherreden. Man höre noch einmal die Warnung von Jakobus:

> *Lasst nicht viele Lehrer werden, meine Geschwister, ihr wisst, dass wir Lehrer ein strengeres Urteil bekommen werden* (Jakobus 3,1).

In der Bibel steht, dass wir über jedes nichtsnutzige Wort Rechenschaft ablegen müssen am Tag des Gerichts. Diese Aussage kommt direkt von Jesus (s. Matthäus 12,36). Für das sonntägliche Anpredigen der Leute wäre sie das Todesurteil, nähme man sie ernst. Ich glaube, dass Gemeinden auch schon totgepredigt wurden.

Und wir legen einfach noch einen weiteren biblischen Maßstab an und fragen nach den Früchten: Wie viel wird sonntags in Summe gepredigt, und wie viel kommt in Summe geistlich dabei heraus? Ich denke, die Antwort ist eindeutig. Ich persönlich werde nie wieder „predigen".

Kapitel 6

Gehorsam oder Gerede

Alles eine Frage der Auslegung

Alles eine Frage der Auslegung – diese Aussage hört man öfter, wenn sich jemand nicht auf eine klare biblische Aussage einlassen will. Seit Jahrhunderten erzählt man den Menschen, sie bräuchten „Auslegung", um die Bibel wirklich zu verstehen. Die Theologen sprechen dabei gerne von „Exegese", weil sie es lieben, mit Fremdwörtern ihre wissenschaftliche Kompetenz und geistige Überlegenheit zum Ausdruck zu bringen. Der „Laie" möge hören und staunen ...

Ich stelle hier einmal die Gegenfrage: Als Jesus seine Botschaft verkündete und seine Jünger unterwies, dachte er dabei, dass jemand diese seine Worte irgendwann einmal „auslegen" müsse? Als Matthäus, Markus, Lukas und Johannes ihre Berichte über Jesus und seine Botschaft schrieben, hatten sie dabei den Gedanken, irgendjemand müsse ihre Berichte später noch „auslegen"? Als Paulus, Barnabas, Jakobus, Petrus, Johannes und Judas ihre Briefe an die Gemeinden geschrieben haben, dachten sie, dass man dort eine „Auslegung" bräuchte, um sie zu verstehen? Ich denke, die Antwort ist klar.

In der frühesten Zeit des Christentums wurden die neutestamentlichen Schriften gelesen, verstanden und befolgt. Als sich dann die hierarchische Kirchenstruktur entwickelte, begann auch die Geschichte der „Auslegung". Die Diskrepanz zwischen biblischer und kirchlicher Realität musste vertuscht werden. Die biblischen Aussagen mussten an die menschlichen und kirchlichen Bedürfnisse angepasst werden. Und die, die beim neutestamentlichen Verständnis blieben und sich widersetzten, konnte man dann mit der kirchlichen Lehrautorität als „Ketzer" verdammen und verfolgen.

Das Wort Gottes, das laut der Aussage des Hebräerbriefs ein zweischneidiges, scharfes Schwert ist, steckte man in eine Scheide. So war die Schärfe genommen. Ich denke, das Grundprinzip ist deutlich: Zwischen das geschriebene (vom Heiligen Geist inspirierte) Wort Gottes und den Leser hat sich eine menschliche Instanz geschoben. Diese hat den Anspruch, das Wort Gottes „richtig" auszulegen und weiterzugeben. Und dem Hörer bzw. Leser wird suggeriert, dass er das Wort Gottes alleine nicht wirklich und richtig verstehen kann. So wird er zum „Laien", der einfach glauben soll, was die „Ausleger" ihm sagen.

„Auslegung" in dem Sinne, wie ich sie ablehne, ist im Kern also das Auftreten der Ausleger, die meinen, dass man nur mit ihrer Auslegung die Bibel richtig verstehen könne. Hilfreiche Informationen zum Verständnis der Bibel nenne ich im Gegensatz dazu „Erklärung".

Es ist natürlich aber auch für den Leser bzw. Hörer bequem, wenn man sagen kann: „Alles eine Frage der Auslegung". Man kann damit wunderbar unbequeme biblische Aussagen an sich abprallen lassen. Es ist einfach, sich damit auf einen Standpunkt der Unverbindlichkeit und Unzuständigkeit zurückzuziehen. Man kann damit bleiben, wie man ist, wenn Gott gerne etwas an einem verändern möchte. Man kann Gehorsam und Nachfolge verweigern, denn es ist ja „alles eine Frage der Auslegung".

Wenn Jesus sagt: „Wer meine Worte hört und sie tut", dann gibt es da allerdings keinen Raum für einen Ausleger. Dann sollst du als Christ und Nachfolger von Jesus ganz einfach „hören" und „tun". Du bist in einem unmittelbaren Verhältnis zum Wort, weil du in einem unmittelbaren Verhältnis zu Jesus bzw. zu Gott stehst. Wenn es im Verhältnis zwischen Gott und dir noch so etwas wie einen Theologen gibt, dann bist du selbst es. Du kennst Gott, du hörst und befolgst sein Wort, und du kannst anderen davon erzählen. Mit anderen Worten: Du bist ein Theologe.

Hören – Verstehen – Tun

Zwischen „Hören“ und „Tun“ steht allerdings das Verstehen. Du kannst nur tun, was du verstanden hast. Und hier darf man gerne eine Differenzierung machen. Es gibt Dinge, die einfach und klar sind, also leicht zu verstehen und dann ohne Ausrede zu befolgen. Es gibt aber auch Dinge, die schwieriger zu verstehen sind. Manches Rätselhafte finden wir in der Bibel, das nicht so leicht zu verstehen ist. Sogar Jesus selbst hat zu seinen Hörern gerne in Rätseln gesprochen. Offensichtlich wollte er sie dazu anregen, sich selbst Gedanken zu machen und sich zu bemühen, ihn zu verstehen. Es ist auch beachtlich, wie viel Zeit er manchmal seinen Jüngern gelassen hat, bis sie etwas endlich verstanden hatten.

Deshalb hat ja auch heute immer noch jeder die Aufgabe, sich selbst in die Sache zu vertiefen und im Verständnis zu wachsen. Die Bibel zu verstehen, ist letztlich eine Lebensaufgabe. Und lass dir diese Aufgabe ja von niemandem abnehmen! Auch das ist eine Gefahr der „Auslegung“, dass du dir selbst keine Gedanken zu machen brauchst, weil da ja jemand ist, der es dir sagt. Da geht es wieder um das Thema der Mündigkeit. Selber verstehen, prüfen und selbst entscheiden, was du glaubst, das gehört zum mündigen Christsein. Um manche Dinge der Bibel zu verstehen, hast du sogar noch viel Zeit. Wichtig ist, dass du verstehen *willst*. Und für die Umsetzung dessen, was du verstanden hast, gibt es dann auch keine Ausrede.

Es gilt also, die Bibel direkt zu hören und zu verstehen (und zu befolgen). Alles, was dazu dient, ist herzlich willkommen: Die biblischen Sprachen sind gut erforscht. Die alten Handschriften mit den biblischen Texten hat man mit großem Aufwand gesammelt und ausgewertet, damit man den wahrscheinlichen Urtext rekonstruieren kann. Aus der Geschichte und der Archäologie hat man Kenntnisse über die politischen, religiösen und kulturellen Hintergründe der Zeit gewonnen. Mit Tages- und Jahreszeiten kann man den Lebensrhythmus der Menschen in ihrer Abhängigkeit von der Natur besser einordnen. Für alle Informationen und Erklärungen zu biblischen

Zusammenhängen und historischen und kulturellen Hintergrundinformationen darf man sehr dankbar sein. Viele solche Dinge sind hilfreich zum Verstehen und natürlich auch in meine Übersetzung des Neuen Testaments mit ihren Erklärungen eingeflossen. Aber deswegen bin ich kein „Ausleger", nur Übersetzer und Erklärer.

Ich bringe einfach möglichst genau das zum Ausdruck, was die neutestamentlichen Autoren mitteilen wollten. Nun bleibt noch die Aufgabe, die Missverständnisse und Verdrehungen zu beseitigen, die 2000 Jahre an „Auslegung" in unseren Köpfen hinterlassen haben. Ich habe damit im Glossar (Wörterverzeichnis) im Anhang meiner Übersetzung des Neuen Testaments schon einmal einen Anfang gemacht. Und dann soll natürlich auch dieses Buch dazu dienen.

Aber ich kann dem Leser selbst seine eigene wichtige Aufgabe nicht abnehmen: Sich durch eigenständige Aneignung der biblischen Aussagen von „Auslegungen" zu befreien, die er im Laufe seines Lebens durch Hören und Lesen von „Auslegern" angesammelt hat. Die Bibel ist das wichtigste Buch deines Lebens. Und das wichtigste Buch, das dir dabei hilft, sie selbst zu erforschen, ist die Konkordanz, natürlich auch die Suchfunktion einer Online-Bibel.

Es ist also alles gut, was zur Klärung der biblischen Aussage beiträgt. Und es ist alles schlecht, was zu Verdrehung und Verwirrung beiträgt. Wenn du also eine Erklärung hörst, die dir schnell einleuchtet und beim Verstehen hilft, und du denkst: „Warum bin ich da eigentlich nicht von selbst draufgekommen?", dann wird sie vermutlich richtig sein. Wenn du aber eine „Auslegung" hörst, bei der du eher das Gefühl hast: „Nie im Leben wäre ich da draufgekommen!", dann versucht vermutlich jemand, dir etwas unterzujubeln, was der biblischen Botschaft nicht entspricht.

Du kommst als eigenständiger, verantwortlicher Christ also um eine Sache nicht herum: Du hast – abgesehen von der direkten Beziehung zu Gott – als wichtigste Aufgabe, dir deine eigene fundierte Bibelkenntnis zu erarbeiten. Natürlich wird dir der

Heilige Geist gerne dabei behilflich sein. Du wirst dich vermutlich auch immer wieder einmal korrigieren lassen müssen. Aber von Leuten, die von dir verlangen, nur ihrer Lehrmeinung zu folgen, solltest du dich befreien, wenn du weiterkommen willst.

Auf einem Fundament von „Auslegungen" kann man als Christ nicht stehen. Nur die persönliche Überzeugung aus eigener biblischer Erkenntnis gibt dir die Standhaftigkeit, auch in schwierigen Zeiten im Glauben zu bestehen. Die Aussage: „Bruder XY hat einmal gesagt ..." kann den Satan nicht beeindrucken. Gegen ihn hilft nur, was auch Jesus gesagt hat: „Es steht geschrieben ...!"

Das Gebot des Königs – ein Vergleich von Sören Kierkegaard

Wer Sören Kierkegaard war, wird weiter hinten in diesem Buch noch beschrieben. Das Gebot des Königs als Vergleich zum Umgang mit der Bibel als Gebot Gottes habe ich in seinem Buch „Zur Selbstprüfung der Gegenwart anbefohlen" gefunden:

> Denke dir ein Land. Es ergeht im Namen des Königs ein Gebot an alle Beamten und Untertanen, kurz an die ganze Bevölkerung.
>
> Was geschieht? Mit allen geht eine merkwürdige Veränderung vor: Alles verwandelt sich in Erklärer. Die Beamten werden Schriftsteller. Jeder Tag bringt eine neue Erklärung, die immer gelehrter, scharfsinniger, geschmackvoller, tiefsinniger, geistvoller, wunderbarer, lieblicher und wunderbar lieblicher ist als die vorige. Die kritische Umschau kann diese ungeheure Literatur kaum bewältigen. Ja die Kritik selbst wird eine so weitläufige Literatur, dass man auch sie nicht übersehen kann. – Aber niemand las das Gebot des Königs so, dass er danach getan hätte.
>
> Und nicht genug damit, dass alles Erklärung wurde. Nein, man verrückte zugleich den Gesichtspunkt für das, was Ernst ist. Und man machte die Beschäftigung mit der Erklärung zum eigentlichen Gegenstand des Ernstes.

Denke dir, dieser König sei nicht ein menschlicher König. – Auch ein solcher würde ja gewiss verstehen, dass man ihn mit dieser Verkehrung der Sache eigentlich zum Narren habe. Aber ein menschlicher König ist abhängig, besonders von der Gesamtheit seiner Beamten und Untertanen. Und so müsste er wohl gute Miene zum bösen Spiel machen, so tun, als wäre das in seiner Ordnung, den geschmackvollsten Erklärer zur Belohnung in den Adelsstand erheben und den tiefsinnigsten durch einen Orden auszeichnen usw.

Denke dir also, dieser König sei ein allmächtiger, den es nicht in Verlegenheit brächte, auch wenn sämtliche Beamten und Untertanen so ein falsches Spiel mit ihm trieben. Was meinst du, würde dieser allmächtige König dazu denken? Gewiss würde er sagen: Dass sie dem Gebot nicht nachkommen, könnte ich noch verzeihen. Dass sie mich in einer Bittschrift um Nachsicht oder vielleicht um völlige Verschonung mit diesem für sie zu schweren Gebot angingen, könnte ich ihnen auch noch verzeihen. Nicht verzeihen kann ich aber, dass man sogar den Gesichtspunkt für das, was Ernst ist, verrückt.

Und nun Gottes Wort! „Mein Haus ist ein Bethaus, ihr aber habt eine Mördergrube daraus gemacht." Und Gottes Wort, was ist dies nach seiner Bestimmung, und was haben wir daraus gemacht? All dies Erklären und Erklären, diese Wissenschaft und neue Wissenschaft betreibt man unter dem feierlichen, ernsthaften Schein, dass man durch sie Gottes Wort recht verstehen wolle. Siehst du jedoch näher zu, so findest du, dass man sich damit nur gegen Gottes Wort wehren will. [...]

Es ist menschlich, dass einer Gott um Geduld bittet, wenn er nicht sofort kann, was er soll, dass er aber doch einen ehrlichen Versuch verspricht. Es ist menschlich, dass einer Gott um Mitleid bittet, weil ihm die Forderung zu hoch ist. – Will das sonst niemand von sich gestehen, gestehe ich es von mir.

Aber es ist doch nicht menschlich, dass man der Sache eine ganz andere Wendung gibt: Dass ich listig Erklärung und Wissenschaft und wieder Wissenschaft, eine Schicht auf die andere einschiebe. (Wie etwa ein Knabe sich ein Polster unter seine Hosen macht, wenn Prügel auf ihn warten.) Dass ich das alles zwischen das Wort und mich einschiebe und dann diese Erklärung und Wissenschaftlichkeit Ernst und Wahrheitseifer nenne. Und dass ich diese Beschäftigung zu einer solchen Weitläufigkeit aufbausche, dass ich nie einen Eindruck von Gottes Wort gewonnen habe, nie mich selbst in diesem Spiegel betrachte.

Es sieht aus, als brächte all dieses Forschen und Sinnen, Suchen und Ergründen mir Gottes Wort ganz nahe. Die Wahrheit ist aber, dass ich mir eben dadurch auf die listigste Weise Gottes Wort möglichst ferne rücke. Unendlich ferner, als es dem ist, der es nie sah. Unendlich ferner, als es dem ist, der es aus Angst und Scheu davor soweit als möglich von sich warf.

Worte oder Kraft?

Einen ganz vergessenen Aspekt des neutestamentlichen Christentums möchte ich hier noch mit einem Wort von Paulus ansprechen:

> *Und mein Wort, meine Verkündigung, (geschah) nicht mit überzeugenden Worten der Weisheit, sondern mit dem Beweis von Geist und Kraft. Denn euer Glaube soll nicht auf menschlicher Weisheit beruhen, sondern auf Gottes Kraft* (1. Korinther 2,4-5).

Wie viele Worte haben wir schon gehört, in Predigten, Vorträgen, Andachten, Meditationen? Sei es in Natura oder auf CDs, in Videos, im Internet? Wie viele Worte haben wir schon auf Papier oder online gelesen, in Büchern, Zeitschriften, Artikeln? Mit wie viel menschlicher Weisheit wurde versucht, uns irgendetwas zu erklären oder beizubringen? Wie oft haben wir schon gute Redner und mitreißende Prediger gehört oder informative oder gar packende Literatur gelesen? Und wie oft haben wir auch nur unsere Zeit verschwendet beim Hören oder Lesen von einem frommen Blabla? Von allen Seiten werden wir „christlich“

zugetextet, wenn wir uns das als Hörer oder Leser gefallen lassen. Aber ob die vielen Worte gut oder schlecht waren, die Frage bleibt: Wo ist die Kraft?

Paulus sagt, sein Wort kam nicht mit überzeugenden Worten der Weisheit, sondern mit dem Beweis von Geist und Kraft. Der Glaube der Christen sollte nicht auf menschlicher Weisheit beruhen, sondern auf Gottes Kraft. Als in Korinth Leute auftraten, die sich wichtig nahmen und große Worte machten, schrieb er an die Gemeinde:

> *Ich werde aber schnell zu euch kommen, wenn der Herr es will. Und dann will ich nicht die Worte der Aufgeblasenen kennenlernen, sondern ihre Kraft. Das Reich Gottes (besteht) nämlich nicht in Worten, sondern in Kraft* (2. Korinther 4,19-20).

Man mache einmal anhand der Konkordanz oder der digitalen Suchfunktion ein einfaches Bibelstudium zum Thema „Kraft". Im Neuen Testament wird in der Kraft gedient, in der Kraft verkündet, in der Kraft sich versammelt, und es geschehen Zeichen und Wunder. Leute Gottes sind an der Kraft Gottes zu erkennen. Natürlich ist diese Kraft im Heiligen Geist da. Wo er ist, ist Kraft. Wo er nicht ist, ist keine Kraft.

Aber Worte, die gehen ja immer, auch ohne Heiligen Geist. Und so wird in Versammlungen und Zusammenkünften einfach weitergeredet. Am schlimmsten ist es, wenn Leute sich selbst gerne reden hören oder mit Reden ihre persönliche oder amtliche Wichtigkeit zum Ausdruck bringen müssen. Da ist der Heilige Geist weit weg.

Wollen wir uns auf den Weg machen, zur Kraft zu kommen? Wenn wir neutestamentliche – d. h. kraftvolle – Christen sein wollen, gibt es keine andere Wahl. Aber auf dem Weg zur Kraft wird die erste Station wohl so etwas wie Innehalten sein müssen. Zunächst einmal muss man zugeben, dass die Kraft nicht da ist. Dann hat man den richtigen Ausgangspunkt, um Gott in dieser Sache zu suchen. Denn die Kraft kommt von Gott, und sie lässt sich nicht herbeireden.

Ein Gemeindesystem, das auf Reden und Worte aufgebaut ist, wird diese Schritte nicht machen können. Denn zuzugeben, dass etwas fehlt, ginge ja nicht. Man pflegt, insbesondere in der Leiterschaft, eine gewisse Art der selbstzufriedenen Vollkommenheit und Unangreifbarkeit.

Aber jeder Einzelne kann es tun: Innehalten, Zugeben, Bekennen, Schweigen, Beten und Fasten, um Gott zu suchen. Gott hat versprochen, dass er sich von denen, die ihn suchen, finden lässt. Und Jesus hat versprochen, dass Gott Heiligen Geist geben wird – denen, die ihn bitten (s. Lukas 11,13).

Aber Gott zu suchen, heißt dann auch, sich nach Gott zu richten, seine Wege einzuschlagen, auf seinen Bahnen zu gehen, seinen Willen zu tun. Von dem, was das im Blick auf das Christsein und die Gemeinde bedeutet, war hier ja schon viel die Rede. Und ein Aspekt kommt noch dazu, vor allem, wenn wir erkennen, dass das viele Reden und das viele Schreiben im Grunde nur menschliche bzw. weltliche Verhaltensmuster sind:

Gemeinde und Welt unterscheiden

Es gibt in christlichen Kreisen eine Unklarheit, die in vielen Bereichen ständig für Verwirrung sorgt. Ich meine die fehlende Unterscheidung zwischen der Gemeinde des Herrn und der Welt. Mal meint man mit „wir" die Christen, und mal meint man mit „wir" die Gesellschaft. Hier sollte man deutlich unterscheiden lernen, um nicht ständig weltliche Politik und Reich Gottes durcheinanderzuwerfen.

Im Neuen Testament ist völlig klar, dass „Gemeinde" und „Welt" zwei einander gegenüberstehende und auch entgegengesetzte Größen sind. Die Gemeinde besteht aus allen, die aus Gott neu geboren sind und lernen, sich vom Geist Gottes leiten zu lassen. Die Welt besteht aus allen, die natürlich geboren sind und sich von den Gegebenheiten der menschlichen Natur leiten und verleiten lassen. Jesus hat gerade auch in seinen Abschiedsreden sehr deutlich gemacht, dass die Seinen zwar „in der Welt" sind, aber nicht „von der Welt". In seiner Gemeinde zählt nicht die natürliche Geburt, sondern ausschließlich die geistliche Geburt. Und so gibt es das im Neuen Testament geläufige „Drinnen" und „Draußen".

Ich zitiere die deutliche Erklärung von Paulus (2. Korinther 5,9-13):

Im (vorigen) Brief hatte ich euch geschrieben, dass ihr keinen Umgang mit Unzüchtigen haben sollt. (Ich meinte da) ganz und gar nicht die Unzüchtigen dieser Welt oder die Habgierigen und Räuber oder Götterverehrer. Da müsstet ihr ja aus der Welt hinausgehen.
Jetzt schreibe ich euch aber, dass ihr keinen Umgang haben sollt mit jemandem, der sich „Bruder" nennen lässt und (dabei) ein Unzüchtiger ist oder ein Habgieriger, ein Götterverehrer, ein Verleumder, ein Trinker, ein Räuber. Mit einem solchen dürft ihr auch nicht essen!
Was liegt mir denn daran, über die draußen zu urteilen? Müsst ihr nicht über die bei euch drinnen urteilen? Über die draußen spricht Gott das Urteil. Ihr aber müsst „den Bösen entfernen aus eurer Mitte"!

Ein interessanter Ansatz: Unsere Aufgabe in der Gemeinde ist neben dem geistlichen Aufbau auch notfalls das Entfernen von hartnäckigen Sündern, um die Gemeinde in Reinheit vor Gott zu erhalten. Die Welt dürfen wir sich selbst bzw. dem Urteil Gottes überlassen. In der Welt sind wir Licht, Salz und Zeugnis. In der Gemeinde stehen wir gemeinsam vor dem heiligen Gott, wo kein Platz für Sünde ist. Nur wer bereit ist, sich zu reinigen bzw. sich kraft des Blutes von Jesus reinigen zu lassen, kann zur Gemeinde gehören und dort seinen Platz behalten.

Diese wesensmäßige Barriere zwischen Gemeinde und Welt wurde schon in den ersten Jahrhunderten des Christentums aufgehoben. Das war der wichtigste Baustein für den Sieg des Antichristentums. „Welt" und „Gemeinde" wurden zusammengeführt, es entstand eine „christliche" Welt bzw. eine weltliche „Christenheit". Aus der Braut des Lammes wurde die Hure Babylon. Und die wirkliche Gemeinde des Herrn wurde von ihr verfolgt.

Nur wenn wir in unserem Denken diese Unterscheidung von Gemeinde und Welt wieder benennen und beachten, können wir geistliche Gemeinde bauen. Die Gemeinde wird dabei ihren Platz „in der Welt“ haben, aber die Welt darf keinen Platz in der Gemeinde haben. Sie darf keinen Platz in den Köpfen haben, in den Herzen, in den Strukturen. Das bedeutet völlige Reinigung von allen überkommenen weltlichen Denkweisen, Verhaltensmustern und Strukturen. Wie könnte die Gemeinde sonst die Vorhut der neuen Welt Gottes sein?

Der Anfang vom Ende

Paulus schreibt:

> *Geschwister, ich für mich denke nicht, es ergriffen zu haben. Eines aber (gilt): Indem ich vergesse, was hinten (geblieben) ist, und mich nach dem ausstrecke, was vorne liegt, bin ich hinter dem Ziel her, auf den Siegespreis zu: dass Gott (mich) nach oben ruft (zu sich) durch den Messias, Jesus* (Philipper 3,13-14).

Zurück lassen wir die alte Welt, die auch eine Welt Gottes war. Aber sie ist gefallen unter die Herrschaft von Sünde und Dämonie. Deshalb wird sie auch nicht zu retten sein. Nach vorne strecken wir uns nach der neuen Welt Gottes aus, die uns in Jesus entgegenkommt. Die Existenz der Gemeinde bestätigt das Urteil Gottes über die alte Welt und bezeugt als Vorhut das Kommen der neuen Welt.

Das bedeutet ein Loslassen des Alten und Irdischen, ein Haben, als hätte man nicht. Paulus beschreibt es so:

> *Das sage ich, Geschwister: Die Zeit ist begrenzt. Im Weiteren sollen auch alle, die Frauen haben, wie solche sein, die keine haben, und alle, die weinen, wie solche, die nicht weinen, und alle, die sich freuen, wie solche, die sich nicht freuen, und alle, die kaufen, wie solche, die nichts behalten, und alle, die die Welt gebrauchen, wie solche, die sie nicht ausnutzen. Die Gestalt der Welt geht nämlich vorbei* (1. Korinther 7,29-31).

Oder wie Petrus sagte: *„Wir haben alles verlassen und sind dir gefolgt …“*

Und wenn dann der Ruf Gottes kommt: „Nach oben!“, dann gibt's auch kein „Ja, aber …“ mehr, weil uns irgendetwas Irdisches doch noch am Herzen liegen würde. Das wird tatsächlich der entscheidende Moment sein, der zeigt, ob wir alles losgelassen haben. Wenn wir dann noch an etwas anderem hängen als an Jesus allein, ist es zu spät und wir bleiben zurück. Jesus sagte in diesem Zusammenhang: *„Denkt an Lots Frau!“* (Lukas 17,32). Wer die Geschichte von Lots Frau nicht kennt, sollte sie in 1. Mose 19 nachlesen.

Kapitel 7

Rückblicke in die Geschichte

Das „christliche“ Abendland

Die größte Augenwischerei im Sinne eines falschen Christentums ist das „christliche Abendland“. In manchen christlich-konservativen Kreisen wird ihm in Unkenntnis der Sachlage immer noch nachgetrauert. Der Begriff „Christliches Abendland“ wurde im Mittelalter von einem Papst erfunden, der Argumente für einen Krieg gegen die Türken brauchte. Die tausend Jahre kirchlicher Machtausübung im „Heiligen Römischen Reich“ unter römischen Päpsten und deutschen Kaisern waren eine Zeit von Gewalt und Grausamkeit, Lug und Trug, Entmündigung und Unterdrückung, ganz zu schweigen von der Ketzerverfolgung.

Die von der Kirche so genannten „Ketzer“ waren meist ernsthafte Christen. Diese konnten es nur mit ihrem Gewissen nicht vereinbaren, den kirchlichen Schwindel mitzumachen. Und sie getrauten sich, aus biblischer Erkenntnis heraus eigene Wege zu gehen. In ihrer Erkenntnis mögen auch sie oft nicht vollkommen gewesen sein. Aber mit Sicherheit waren sie darin erheblich weiter als ihre Verfolger. Die Zahl der um ihres Glaubens willen Verfolgten, Vertriebenen, Eingekerkerten, Gefolterten und Getöteten ist Legion. Bis heute ist es zahlenmäßig die größte Christenverfolgung aller Zeiten. Diese Art des antichristlichen Abendlands ist zum Glück vorbei. Aber seine Hinterlassenschaften an autoritären Strukturen und Denkweisen in vielen christlichen Kreisen machen uns bis heute zu schaffen.

Martin Luther (1483–1546)

Da ich in den vorderen Kapiteln dieses Buches Martin Luther zitiert habe, muss ich hier der Vollständigkeit halber sagen, dass er kein eindeutiger Zeuge der biblischen Wahrheit ist. Er war es ein paar Jahre lang, ist es aber nicht geblieben. In seinen Zeiten als Mönch war er auf ernsthafter Suche nach der Wahrheit. Und in einer göttlichen Erleuchtung fand er sie dann auch, als er erkannte, dass es die Gnade Gottes ist, die ihn rettet, wenn er an Jesus glaubt, der für seine Sünden gestorben ist. Allein durch die Gnade, allein durch den Glauben, allein durch Christus und allein durch die Heilige Schrift, das waren die Grundsätze, die er aufstellte. Auf dieser Grundlage konnte er eine Unzahl falscher Lehren und Praktiken der damaligen Kirche entlarven. Viele Menschen seiner Zeit erlebten das als sehr befreiend. Seine Schriften gingen wie ein Lauffeuer durchs Land und weit darüber hinaus.

Allerdings hatte er nie vor, die Kirche abzuschaffen. Das war für ihn ein unvorstellbarer Gedanke. Er glaubte an die Kirche, er wollte sie nur reformieren. Und so blieb er in seinem Herzen im System. Er setzte auf staatskirchliche Strukturen, das Pfarramt, die Kindertaufe, akademische Ausbildung und obrigkeitliche Zwangsmaßnahmen. Die Reformation, die als göttliches Werk begonnen hatte, wurde mit menschlichen Mitteln umgesetzt. Der neue Wein wurde in die alten Schläuche gefüllt.

Und Luther selbst entwickelte sich zu einer Art evangelischem Papst, der in theologischen und kirchlichen Dingen irgendwann alles alleine entschied und niemandem mehr Rechenschaft schuldig war. Am Ende hatte er nur noch Anhänger und Verehrer, aber keine Brüder mehr. Die Lutherverehrung mit ihren Gemälden und Denkmälern ist bis heute bekannt.

Den neutestamentlichen Gedanken einer Gemeinde von Gläubigen, den er einmal für kurze Zeit hatte, hat er leider schnell wieder verdrängt. Und alle, die eine solche Gemeinde propagierten und zu leben versuchten, wurden von ihm als „Schwärmer“ gebrandmarkt. So haben dann auch die lutherischen Kirchen bzw. Länder ihre Ketzer verfolgt; vielleicht im Schnitt etwas weniger brutal als die katholische Seite, aber auch hier gab es Märtyrer. Der Unterschied war, dass die Katholiken die Geschwister verbrannten, während die Lutherischen sie ersäuften.

Kaspar Schwenckfeld von Ossing (1489–1561)

Meine Quelle zu diesem Mann ist das Buch von Karl Ecke „Fortsetzung der Reformation“, das 1978 in dritter Auflage im Schriftenmissions-Verlag Gladbeck erschienen ist.

Schwenckfeld, ein Zeitgenosse Luthers, war ein schlesischer Edelmann, der anhand von Luthers frühen Erkenntnissen und Schriften ein persönliches Erweckungs- und Bekehrungserlebnis hatte. Und so war er zunächst ein treuer Anhänger der Reformation. Er war mit Luther persönlich bekannt und führte etliche Gespräche mit ihm. Und er übernahm die Aufgabe, im Auftrag des Herzogs von Schlesien in dessen Ländereien die Reformation durchzuführen.

Durch eigenständiges Studium der Schrift und sein persönliches Erlebnis der neuen Geburt gelangte er allerdings zu der Überzeugung, dass man keine neue Kirche, sondern neutestamentlich geprägte Gemeinden von Gläubigen bilden sollte. Und in Schlesien tat er das dann auch. Es gibt Hinweise darauf, dass er auch Luther von diesem Weg zu überzeugen versuchte. Leider war es vergeblich. Für dessen wichtige Erkenntnisse blieb Schwenckfeld Luther zwar zeitlebens dankbar, aber am Gemeindeverständnis trennten sich ihre Wege.

Und für Luther wurde sein früherer Bruder und Mitstreiter Schwenckfeld zu einem „Schwärmer“. In einigen seiner Schriften beschimpfte er ihn in übelster Weise, wobei er auch seinen Namen verdrehte zu „Stenkfeld“ und „Schweinfeld“. Unter dem lutherischen Druck musste Schwenckfeld seine Tätigkeit in Schlesien aufgeben. Daraufhin wurde er zu einem reisenden Botschafter des Glaubens und der biblischen Gemeinde. Unter stetiger Verleumdung und Verfolgung war er den Rest seines Lebens unterwegs von Ort zu Ort, wo er jeweils noch Zuflucht und interessierte Hörer für seine Botschaft fand.

Auch die schwenckfeldisch geprägten Gemeinden konnten sich unter zunehmendem Verfolgungsdruck in Schlesien auf Dauer nicht halten. In den 1720er- und 1730er-Jahren flüchteten sich ca. 500 Geschwister nach Herrnhut, wo unter dem Schutz des Grafen Zinzendorf Glaubensflüchtlinge aus verschiedensten Richtungen aufgenommen wurden. Etwa 200 wanderten nach Amerika aus, wo sie in Pennsylvania Glaubensfreiheit und eine neue Heimat fanden.

Schwenckfeld erwähne ich vor allem auch deshalb, weil er ein Beispiel dafür ist, dass Gott zu allen Zeiten seine Zeugen der Wahrheit hatte. Auch Luther hatte jemanden zur Seite, der ihm hätte auf den rechten Weg helfen können und es auch versuchte. Er hat sich dieser Stimme jedoch verschlossen – mit verheerenden Folgen.

Gottfried Arnold (1666–1714)

Gottfried Arnold war ein Kind armer Leute aus dem Erzgebirge. Schon früh musste er sich seinen Lebensunterhalt selbst verdienen. Aus eigener Kraft und dank seiner Intelligenz schaffte er es, ein Gymnasium in Gera zu besuchen und anschließend in Wittenberg zu studieren. Er studierte Theologie, Philosophie und Geschichte. Vom damaligen feucht-fröhlichen Studentenleben hielt er sich fern und schaffte es schon nach einem Jahr, den Magister zu machen. Über Verbindungen zur pietistischen Erweckungsbewegung war er zum Glauben gekommen. Und er hatte angefangen, sich über den akademischen und kirchlichen Betrieb seine eigenen Gedanken zu machen.

1696 veröffentlichte er sein erstes Buch: „Wahre Abbildung der ersten Christen“. Schon mit ihm stellte er die ursprüngliche Art der frühen Christen dem späteren verrotteten Kirchentum gegenüber. Das Buch fand eine solche Anerkennung, dass er 1697 auf eine Professur für Geschichte in Gießen berufen wurde, die er zunächst auch annahm. Aber nach nur einem Jahr gab er diese Stelle wieder auf, denn mit „dem hochtrabenden, ruhmsüchtigen Vernunftwesen des akademischen Lebens" wollte er nichts zu tun haben.

Danach vollendete er sein wissenschaftliches Hauptwerk, mit dem er die offizielle Kirchengeschichte auf den Kopf stellte und die kirchliche und akademische Landschaft in Aufruhr versetzte: Um 1699/1700 veröffentlichte er seine „Unparteiische Kirchen- und Ketzerhistorie". Diese liegt mir in einer gekürzten Ausgabe vor, die 1975 in Leipzig erschienen ist. Ich zitiere einige Abschnitte aus dem Vorwort der Herausgeberin Renate Riemeck:

> Für ihn [Arnold] ist die Geschichte der Kirche die Geschichte eines kontinuierlichen Abfalls. Nur im Gemeindeleben der frühen Christen und während der Verfolgungszeiten war die Kirche das, was sie sein sollte: eine Gemeinschaft „wahrer Christen", in der jeder für jeden einstand, der Egoismus des einzelnen keinen Raum hatte und alle in der Erwartung des Gottesreichs lebten. Mit der Verwandlung des Christentums in die Staatsreligion beginnt für Arnold die Entartung der Kirche. Er war der erste, der ihren Niedergang seit Beginn des „Konstantinischen Zeitalters" von Jahrhundert zu Jahrhundert beschrieb und ihrer institutionellen Machtentfaltung die machtlose, dienende Kirche entgegensetzte. Waren es nicht oft nur die Außenseiter, die exkommunizierten „Ketzer", die die Kirche vor ihrem gänzlichen Verfall bewahrt haben? Waren die Ketzer vielleicht die wahren Heiligen? Arnold ist überzeugt: „Mancher von der Welt verdammte Ketzer wird in der Herrlichkeit mit allen ehemals verworfenen und getöteten Zeugen Gottes triumphieren. Die hochangesehenen Ketzermeister werden aber mit allen Tyrannen, Abgöttischen, Blutgierigen, Lügnern und Totschlägern draußen sein müssen."

Die Folgen des Aufruhrs, den er mit seinem Buch auslöste, beschreibt Arnold so: „Man hat mir auf viele Weise fast nach dem Leben getrachtet und mich in der Welt als einen hominem nullius religionis, als den ärgsten Ketzer, ja als Monstrum und Ungeheuer ausgeschrien, der in keiner Kirche und Republik mehr zu dulden sei." Die zweite Auflage des Buchs musste in der Schweiz gedruckt werden. In Deutschland fand sich kein Drucker mehr, der es gewagt hätte.

Zuflucht fand er auf einer Pfarrstelle in Perleberg. Hier war er gewollt und stand unter dem Schutz von Friedrich I., dem ersten König in Preußen. Im Jahr 1713 erkrankte er an einer „skorbutischen Krankheit", die dauerhaft seine Gesundheit schwächte. Er verstarb dann an den Folgen der Aufregung, nachdem die berüchtigten Werber von Friedrich Wilhelm I., dem neuen König, genannt der „Soldatenkönig", am Pfingstsonntag 1714 in seine Kirche eingedrungen waren und beim Abendmahl mehrere junge Männer vom Altar weggerissen hatten, um sie gewaltsam in den Militärdienst zu pressen.

Immerhin steht im evangelischen Kirchengesangbuch bis heute noch sein Lied (Nr. 388) „O Durchbrecher aller Bande", in dem er im Gebet die Sehnsucht nach echter göttlicher Heiligung zum Ausdruck bringt.

Sören Kierkegaard (1813–1855)

Sören Kierkegaard war ein Mann, der mit einer Klarheit wie kein anderer die Falschheit des kirchlichen Systems aufdeckte. Er war Däne, und so sollte sein Name auch dänisch ausgesprochen werden: Kjérkegoor mit offenem „o". Er war ein Mann mit hohem Intellekt und großer Liebe zur Wahrheit. Kierkegaard studierte Theologie und Philosophie, nahm aber aus Scheu vor der Bindung kein akademisches oder kirchliches Amt an. Er betätigte sich als freier Schriftsteller, was in der damaligen Zeit noch nichts einbrachte. Und so lebte er in seiner Heimatstadt Kopenhagen davon, dass er ein kleines ererbtes Vermögen allmählich aufzehrte. Zuerst setzte er sich mit philosophischen Fragen seiner Zeit auseinander, dann begann er, auch christliche Themen zu bearbeiten.

Sören Kierkegaard schrieb über den Menschen als existenzielles Wesen. Dessen Aufgabe ist es, sich über seine Existenz vor sich selbst und vor Gott bewusst zu werden. Deshalb wurde er später als „Begründer der Existenzphilosophie" bezeichnet.

Aus seiner existenziellen Sicht des Menschen entwickelte er auch eine existenzielle Sicht des persönlichen Glaubens. Und so begann er, auch christliche Schriften herauszugeben. Sie sollten zu tieferem Nachdenken führen, was wahres Christentum und wahrer Glaube sei. Und es ging ihm nicht nur ums Nachdenken, sondern um klare Entscheidung. „Entweder – Oder“ war ein ganz fundamentaler Grundsatz bei ihm. Man verspottete ihn sogar auf der Straße damit: „Seht, da kommt der ‚Entweder – Oder‘!“

Als Kind seiner Zeit war er damit auch Kind der damaligen lutherischen Staatskirche in Dänemark gewesen. Nachdem er seine gesellschaftliche und kirchliche Umgebung endlich durchschaut hatte, kam er zu dem Schluss: Aus Sicht des Neuen Testaments ist das Christentum gar nicht da. Die vorhandene Christenheit ist ein ungeheurer Betrug. Und seine Aufgabe sah er in der eines Kriminalisten, der diesen Betrug aufzudecken hatte. Mit vollem Einsatz führte er einen massiven Angriff auf die Kirche aus. Er brachte dazu auf eigene Kosten eine Zeitschrift heraus, die er „Der Augenblick“ nannte. In seinen Augen war jetzt von Gott her der Augenblick gekommen, den Betrug aufzudecken. Es folgen hier ein paar Zitate aus dem „Augenblick“, der mir in einer deutschen Übersetzung aus dem Jahr 1909 vorliegt. Sprachlich habe ich sie leicht modernisiert:

- „Ich, der ‚Entweder-oder‘, kann keinem mit einem ‚Sowohl-als-auch‘ dienen. Ich bin im Besitz eines Buches, das freilich hierzulande so gut wie unbekannt ist, dessen Titel ich daher genau anführen will: ‚Das Neue Testament unseres Herrn und Heilandes Jesu Christi‘. Wiewohl ich ein ganz freies Verhältnis zu diesem Buch habe und z. B. durch keinen Eid darauf verpflichtet bin (wie die Pfarrer), so übt es doch eine große Macht über mich aus und flößt mir einen unbeschreiblichen Abscheu vor der Halbheit ein, vor jedem ‚Sowohl-als-auch‘.“
- „Wahrer Gottesdienst besteht ganz einfach darin, dass man Gottes Willen tut. Allein, diese Art Gottesdienst war noch nie nach dem Sinn der Menschen. Was vielmehr den Menschen

zu allen Zeiten beschäftigt, ist dies: Sich einen Gottesdienst zurechtzumachen, der darin besteht, dass der Mensch tut, was er will, aber so, dass er dabei Gottes Namen im Munde führt, Gott anruft. Damit glaubt sich der Mensch dann vor der Anklage auf Gottlosigkeit geschützt. – Aber genau dieses Bestreben ist, ach, gerade die qualifizierte Gottlosigkeit."

- „Was ich hier bespreche, ist: 1. eine christliche Kriminalsache, 2. ein bloßes Christentum-Spielen, 3. ein Versuch, Gott für Narren zu halten. Jede Stunde, in der dieser Zustand besteht, wird das Verbrechen fortgesetzt. Jeden Sonntag, an dem auf diese Weise Gottesdienst gehalten wird, wird Christentum gespielt und Gott für Narren gehalten. Jeder, der teilnimmt, nimmt daran teil, Christentum zu spielen und Gott für Narren zu halten. Und er ist in die christliche Kriminalsache verwickelt."
- „Man kann nicht von nichts leben. Das hört man so oft, besonders von Pfarrern. Und gerade die Pfarrer bringen das Kunststück fertig: Das Christentum ist gar nicht da – und doch leben sie davon."
- „Der Unterschied zwischen Theater und Kirche ist wesentlich der, dass sich das Theater ehrlich und redlich für das ausgibt, was es ist. Die Kirche dagegen ist ein Theater, das, unredlich, auf alle Weise zu verdecken sucht, was es eigentlich ist."
- „Glaube mir, oder sieh nur einen Augenblick unbefangen ins Neue Testament, so wirst du sehen: Das Christentum ist nicht in die Welt hereingekommen, um dem Geistlichen ein blühendes und angenehmes Geschäft zu sichern und dich in deinem natürlichen Zustand zu beruhigen. Sondern es ist unter Verzicht auf alles in die Welt hereingekommen, um dich durch die Schrecknisse der Ewigkeit aus deiner natürlichen Ruhe herauszureißen."

Nachdem Sören Kierkegaard so viele Folgen seiner Zeitschrift herausgegeben und verbreitet hatte, dass aus seiner Sicht alles gesagt war, war er gesundheitlich, kräftemäßig und finanziell am Ende. Und Gott, für dessen Ehre er gestritten hatte, holte ihn im Alter von 42 Jahren heim.

Um das Maß voll zu machen, ließ es sich der damalige Kopenhagener Bischof Martensen nicht nehmen, ihn offiziell kirchlich zu beerdigen. Dagegen gab es auf dem Friedhof am Grab allerdings doch offenen Protest von aufrichtigen Männern.

Ich denke, man kann von Sören Kierkegaard und seiner Einschätzung der damaligen lutherischen Kirche auch sehr viel auf kirchliche Strukturen der heutigen Zeit übertragen. Sein Maßstab ist auch der unsere: das Neue Testament. Von hier aus muss alles betrachtet, hinterfragt und beurteilt werden. Und von hier aus sieht's düster aus mit der „Christenheit".

Watchman Nee (1903–1972)

Ni Schu-Tsu, so sein ursprünglicher chinesischer Name, lebte zu einer Zeit, als das damalige kaiserliche China unter dem starken Einfluss der Kolonialmächte stand. Es wurde damals geradezu überschwemmt von amerikanischen und europäischen Missionsorganisationen. Und alle brachten ihre kirchlichen und theologischen Traditionen und Gebräuche nach China mit. So war Schu-Tsus Großvater schon ein einheimischer Pfarrer einer amerikanischen anglikanischen Mission gewesen.

Er selber bekehrte sich 1920 während einer Evangelisation in seinem Heimatort. Daraufhin änderte er seinen Vornamen „Schu-Tsu" in „To-scheng", was auf Deutsch „Wächter" bedeutet, im Englischen „Watchman".

Offensichtlich steckte in seiner Namensänderung auch eine göttliche Berufung. Er begann nämlich sehr schnell, die importierten westlichen Traditionen und Gemeindeformen kritisch zu hinterfragen und vom Neuen Testament aus nach der biblischen Gemeinde zu suchen. Mit unter seinem Einfluss begann als Alternative zu den westlich geprägten Kirchen 1922 die Bewegung der lokalen Gemeinden. Diese breitete sich als einheimische und unabhängige Hausgemeindebewegung weit aus und prägte lange Zeit das chinesische Christentum.

Er entwickelte aus dem Neuen Testament die Sicht für eine klare Unterscheidung zwischen „Mission“ und „Gemeinde“, für die unterschiedliche Prinzipien gelten. Sich selbst verstand er als vollzeitlichen Mitarbeiter in der Mission, die er im Neuen Testament als das „Werk“ bezeichnet sah. Das Gründen einer „Missionsgesellschaft“ lehnte er völlig ab. Nach seinem Verständnis war er Mitarbeiter im missionarisch-apostolischen Werk. Im „Werk“ war man immer für die Ausbreitung des Reiches Gottes unterwegs und konnte deshalb auch nirgends sesshaft werden. Er brachte viele Bücher heraus, die meistens gedruckte Manuskripte seiner Mitarbeiterschulungen waren. Mit ihnen hatte er Einfluss weit über China hinaus; sie wurden ins Englische und teilweise auch ins Deutsche übersetzt.

Ich zitiere aus seinem Buch „Das normale Gemeindeleben“, erschienen 1974 im R. Brockhaus-Verlag:

> Drei Dinge müssen wir uns deutlich einprägen:
>
> 1. Die Verantwortung für das Werk haben die Missionsmitarbeiter und nicht die Gemeinden. Und der Bereich eines Werks genügt nicht, um Gemeinde zu verkörpern.
> 2. Alle Mitarbeiter müssen die Demut haben, in der Ortsgemeinde nur als Brüder aufzutreten. Im Bereich ihres Werkes sind sie Diener Gottes, aber im Bereich der Gemeinde sind sie jedem anderen Bruder gleichgestellt.
> 3. Das Ziel aller Werke ist der Bau der Ortsgemeinde. Wenn wir unser Werk zur Basis für eine Gemeinde machen, bauen wir eine Sekte und keine Gemeinde.
>
> Wenn wir den grundsätzlichen Unterschied zwischen dem Werk und der Ortsgemeinde verstanden haben, werden wir auch sehr leicht begreifen, was die Schrift unter Versammlung versteht. Es gibt im Neuen Testament zwei verschiedene Arten der Versammlung: Die Gemeindeversammlung und die Missionsversammlung. In der ersten Christenheit gab es Versammlungen, die von der örtlichen Gemeinde, und andere, die von der Mission veranstaltet wurden. In den Missionsversammlungen sprach nur einer, und

> alle anderen hörten zu. Er lenkte durch seine Predigt die Gedanken und Herzen derer, die vor ihm saßen und still zuhörten. Eine solche Versammlung ist sofort als Missionsversammlung zu erkennen, denn sie trägt den apostolischen Charakter des Werkes. In der Gemeindeversammlung dagegen (1. Korinther 14,26) hatte einer einen Psalm, ein anderer eine Lehre, eine Offenbarung, eine Sprache, eine Interpretation. Hier geht es nicht darum, dass einer leitet und alle anderen ihm folgen, sondern jeder einzelne leistet seinen Beitrag zur gegenseitigen Förderung. Es dürfen sich alle beteiligen, wenn es auch nicht alle in jedem Fall tun. Wir finden beide Versammlungsarten in der Schrift.

Nach dem Sieg der kommunistischen „Kulturrevolution“ in China wurde Watchman Nee 1952 verhaftet. Die kommunistische Regierung behielt ihn bis zu seinem Tod im Jahr 1972 im Gefängnis. (Die biografischen Angaben habe ich dem sehr informativen Artikel „Watchman Nee“ bei Wikipedia entnommen.)

KAPITEL 8

Zu guter Letzt

Konsequenz

Nach allem, was wir nun aus der Bibel und der Geschichte gehört bzw. gelesen haben, sollten wir auch begriffen haben, dass es ernst ist. Die Sache mit Gott, mit Jesus und mit seiner Gemeinde ist ernst. Ich hoffe, du hast verstanden,

- dass Gottes Wille das Einzige ist, was zählt,
- dass die Beziehung zu Jesus das Ein-und-Alles ist,
- dass wir unser altes menschliches Leben verlieren müssen, um das neue göttliche zu gewinnen,
- dass es im Christsein des Neuen Testaments um Qualität geht, nicht um Quantität,
- dass ohne Heiligung niemand Gott sehen wird,
- dass der Weg mit Jesus das Leiden einschließt,
- dass alles Irdische vergeht,
- dass es in dieser Welt keine Zukunft gibt,
- dass Dranbleiben und Durchhalten zum Ziel führen,
- dass es in göttlichen Dingen keine Beliebigkeit gibt,
- dass man mit göttlichen Dingen nicht spielerisch umgehen kann, dass das Gotteslästerung ist,
- dass Sünde nicht toleriert wird, nicht bei Gott und nicht in seiner Gemeinde,
- dass der Preis, den Gott bezahlt hat, vor die Entscheidung stellt: „entweder oder“ bzw. „ganz oder gar nicht“.

Das griechische Wort für „nachfolgen“ heißt auf Lateinisch „consequi“. Davon kommt unser deutsches Wort „Konsequenz“. Leben in der Nachfolge ist Leben in der Konsequenz. Hast du dich entschieden, den Weg zu gehen, dann wirst du es ganz tun, ohne Wenn und Aber. Ansonsten bist du kein Nachfolger ...

Hinausgehen

Leider oft wenig beachtet ist die Tatsache, dass es im Neuen Testament auch das Gebot des Hinausgehens gibt, die Aufforderung, Orte und Gruppen zu verlassen. Ich zitiere dazu die wenigen Stellen, die in ihrer Zusammenstellung dann aber doch recht eindrücklich sind:

> *Wenn euch welche an einem Ort nicht aufnehmen und nicht auf eure Worte hören, dann* ***geht hinaus*** *von jenem Haus oder jener Stadt und schüttelt den Staub unten an euren Füßen ab als Zeugnis für sie!* (Matthäus 10,14; Markus 6,11; Lukas 9,5).
>
> *Deshalb* ***geht hinaus*** *aus ihrer Mitte, sondert euch ab, sagt der Herr, und berührt nichts Unreines!* (2. Korinther 6,17).
>
> *Die Lebewesen, deren Blut als Opfer für Sünde vom Obersten Priester ins Heiligtum gebracht wird, deren Leiber werden doch außerhalb des Lagers verbrannt. Deshalb hat auch Jesus, um durch sein Blut das Volk heilig zu machen, außerhalb des Tores gelitten. Also* ***wollen wir zu ihm hinausgehen,*** *außerhalb des Lagers, und seine Beschimpfung ertragen* (Hebräer 13,11-13).
>
> *Und ich hörte eine andere Stimme aus dem Himmel:* ***„Geht hinaus*** *aus ihr* [aus Babylon], *mein Volk, damit ihr nicht mit teilnehmt an ihren Sünden, und* ***hinaus*** *aus ihren Plagen, damit ihr sie nicht bekommt!“* (Offenbarung 18,4).

Es möge in diesem Zusammenhang jeder selbst prüfen, was in seinem Umfeld Sache ist, inwieweit es ihm guttut, in einem weltlich-kirchlichen System zu stecken, welche Konsequenzen er daraus ziehen will und was zu tun ist.

Schlusswort

Ich bin mir dessen bewusst, dass ich ein in der Tendenz negatives Buch geschrieben habe. Ich glaube aber auch, dass genügend Positives darinsteht, um ein Bild von der neutestamentlichen Gemeinde zu entwerfen, wie Jesus sie haben will. Ich habe um der Klarheit willen die Notwendigkeit empfunden, beides darzustellen, das Richtige und das Falsche. Denn die Verwirrung entsteht ja immer dadurch, dass man die beiden Dinge zusammenmischt und dann ein unklarer „christlicher" Brei dabei herauskommt.

Ich weiß auch, dass ich den Fehler vermeiden muss, denen, die jetzt Sehnsucht nach der neutestamentlichen Gemeinde haben, einen 10- oder 12-Punkte-Plan aufzustellen, der ihnen sagt, wie „es" geht. Sie sollen ja gerade nicht wieder einem Lehrer oder Leiter folgen und tun, was er sagt. Sie sollen sich aufmachen und ihr Christen- und Gemeindeleben in die eigene Hand nehmen. Sie sollen in der Bibel nachforschen und sich vom Heiligen Geist leiten lassen.

Und sie sollen wissen, dass es im Christenleben in erster Linie um ein Sein geht. Wenn man das ernst nimmt, dann ergibt sich einfach und logisch in zweiter Linie daraus das Tun. Das „Machen" kann man getrost sein lassen. Das Reich Gottes lässt sich nicht machen, schon gar nicht veranstalten. Aufhören mit Aktivismus, mit Überreden und Drängen, mit menschlicher Planung und Organisation. Hören, was vom Geist kommt, sehen, wo er am Werk ist, spüren, wo er zu wehen anfängt, und dem einfach folgen.

„Einfach" ist ein wichtiges Stichwort: Einfache Christen in einfacher Gemeinde mit einfachem Bibelverständnis und einfachem Glaubensgehorsam. Leben als Freunde Gottes, als Freunde der Geschwister und als Zeugen für Jesus. Und alles ausschließlich zur Ehre Gottes ...

Die NT-Übersetzung von Ulrich Wößner

erschienen bei GloryWorld-Medien

Jesus der Messias

Das Neue Testament – aus dem griechischen Grundtext übersetzt von Ulrich Wößner

640 S., Hardcover mit Leseband

Dieses Neue Testament macht den Versuch einer wörtlichen und in der Wortwahl zeitgemäßen Übersetzung. Sie will möglichst uninterpretiert und verständlich zum Ausdruck bringen, was der griechische Grundtext eigentlich sagt. Zur besseren Lesbarkeit wird nicht der Blocksatz verwendet, sondern einzelne Sätze oder Satzteile werden in eine Zeile gesetzt, sodass Sinn und Zusammenhang auch für ungeübtere Leser leichter und schneller zu erfassen sind. Viele Erklärungen und ein ausführliches Glossar helfen, die biblischen Ausdrücke zu verstehen.

Wichtige Unterschiede zu anderen Übersetzungen (u. a.):

- Der Begriff „Gesalbter" wird nicht mit „Christus", sondern prägnanter mit „Messias" übersetzt.
- Im 1. Korintherbrief wird kenntlich gemacht, wo Paulus Meinungen aus Korinth zitiert. Paulus entpuppt sich dadurch als entschiedener Gegner der Verschleierung von Frauen und ihrer Verpflichtung zum Schweigen in der Gemeinde.
- In der neutestamentlichen Gemeinde ist keine menschliche und hierarchische Leitung mit Titeln und Ämtern vorgesehen; deshalb werden für die griechischen Begriffe passende geschwisterliche Bezeichnungen verwendet: „Ältere", „Verantwortliche" und „Führende", anstelle von „Ältesten", „Gemeindeleitern" und „Führern" bzw. „Leitern".
- Da die Frauen vollwertige Glieder der Gemeinde sind, wird überall, wo sie mitgemeint sind, das griechische „adelphós" richtigerweise im Singular mit „eines der Geschwister" oder „Bruder und/oder Schwester", im Plural mit „Geschwister" übersetzt.
- Es gibt keinerlei bibelkritische Einleitungen oder Erklärungen, welche die Verfasserschaft der genannten Autoren oder eine Abfassungszeit in der ersten Christengeneration in Frage stellen und das Vertrauen in die Ursprünglichkeit und Gültigkeit der Aussagen in Zweifel ziehen.

Weitere Bücher von GloryWorld-Medien

„Kirche nach dem Herzen Gottes"

Frank Viola, Ur-Christen

Eine außergewöhnliche Chronologie der Ereignisse des Neuen Testaments, 220 Seiten, Paperback

Das Neue Testament ist nicht chronologisch geordnet, weshalb manches darin missverstanden wird. *Ur-Christen* verbindet daher die verschiedenen Bücher des NT miteinander. Daraus entsteht eine einzigartige, fortlaufende Geschichte.

Das Buch gibt uns insbesondere einen tiefen Einblick in das praktische, pulsierende Gemeindeleben der ersten Christen.

Geschichtliche, politische und soziologische Daten, Landkarten und Hintergrundinformationen runden das Bild von der damaligen Situation ab und lassen uns unser Neues Testament in Zukunft mit ganz anderen Augen lesen.

Frank Viola, Ur-Gemeinde

Wie Jesus sich seine Gemeinde eigentlich vorgestellt hatte, 300 S., Paperback

Nachdem er in Heidnisches Christentum? die Hintergründe vieler unserer Traditionen aufgezeigt hat, geht Frank Viola in Ur-Gemeinde auf Gottes ursprünglichen Plan für die Gemeinde ein. Es entsteht ein klares und herausforderndes Bild von Gemeinde, das ein Umdenken in vielen Bereichen unumgänglich macht.

Die Themen, auf die Autor konkret behandelt, sind u. a.: Gemeinde als Organismus und als Familie, das praktische Leben und die Einheit der Gemeinde, Gemeindeleitung, geistliche Autorität, Unterordnung und apostolische Tradition.

Frank Viola, Ur-Praxis

Gründung und Aufbau organischer Gemeinden, 280 S., Pb.

Viele christliche Gemeinschaften kämpfen heute ums Überleben, weil nicht das richtige Fundament gelegt wurde und die Ziele Gottes für seine Gemeinde nicht verstanden worden sind.

In diesem umfassenden Leitfaden für die Gründung und den Aufbau organischer Gemeinden stellt Frank Viola zunächst das ursprüngliche Design für die Gemeinde Jesu vor.

Danach geht er darauf ein, wie wir heute auf der biblischen Grundlage zu lebensverändernden Gemeinden kommen – echten Gemeinschaften, die nicht nur wachsen, sondern blühen und sich auf natürliche Weise vermehren.

Frank Viola / George Barna
Heidnisches Christentum?

Über die Hintergründe mancher unserer vermeintlich biblischen Gemeindetraditionen; 336 S., Pb.

Punkt für Punkt nehmen uns die Autoren an die Hand und zeigen auf, wie die einfache, dynamische Glaubenspraxis der ersten Christen durch die Öffnung für außerbiblische Praktiken und Philosophien abhandenkam und welche dramatischen Folgen die jeweiligen Einflüsse hatten.

Zu den untersuchten Themen gehören u. a. Gottesdienstpraxis, Klerus und kirchliche Strukturen, Kirchengebäude, die Rolle des Pastors, Tauf- und Abendmahlspraxis, Umgang mit Finanzen und die christliche Ausbildung.

Neil Cole, Organische Gemeinde

Wenn sich das Reich Gottes ganz natürlich ausbreitet

288 Seiten, gebunden

Wie wäre es, wenn Gemeinden auf organische Weise entstünden, wie kleine geistliche Familien, aus dem Boden der Verlorenheit geboren, weil hier der Same Gottes ausgesät wurde? Genau dies erlebte Neil Cole, nachdem er anfing umzusetzen, was Jesus selbst zum Thema Gemeinde lehrte.

Innerhalb von sechs Jahren entstanden 800 solche Gemeinden in 32 Ländern. In diesem Buch fasst er seine Erkenntnisse zusammen: Welche Sicht hatte Jesus selbst von der Gemeinde? Die organische Natur des Reiches Gottes / Der genetische Aufbau des Leibes Christi / Jesu Strategie, sein Reich auszubreiten / Unsere hohe Berufung, an Gottes Plan mitzuwirken.

Marcel Roman, Ein Ort für seine Herrlichkeit

Anregungen für eine himmlische Sicht von Gemeinde

160 S., Paperback

Nichts ist bedeutender als die Gegenwart und das Reden Gottes. Deshalb sollte es unsere wichtigste Aufgabe sein, einen Ort für unseren Herrn zu bereiten, an dem er zu uns reden und wirken kann, wie er es möchte.

Wir sollten uns fragen: Inwiefern sind unsere derzeitigen Kirchen- und Gemeindestrukturen darauf ausgelegt, dass Gott dem Menschen begegnet? Jesus beklagt an einer Stelle, dass der Menschensohn keinen Ort hat, wo er sein Haupt hinlegen kann. Wie sieht es damit in unseren heutigen Gemeinden aus? Erwarten und rechnen wir wirklich mit Gottes Gegenwart, oder pflegen wir eher unsere liebgewonnenen Traditionen und Strukturen? Diesen Fragen geht dieses Buch nach.

Wayne Jacobsen

Die Gemeinschaft der Neuen Schöpfung

Wie wir sie finden und warum es noch so viel mehr gibt

272 S.; Paperback

Seit über 50 Jahren beschäftigt den Autor die Frage nach der authentischen neutestamentlichen Gemeinde. Er hat sie schließlich an den ungewöhnlichsten Orten entdeckt und möchte uns dabei helfen, diese unglaubliche, von Jesus geformte Braut zu finden.

Dazu betrachtet er die Gemeinde aus Gottes Sicht. Sie beginnt im Herzen Einzelner und fügt sich dann zu einer weltweiten Gemeinschaft von Menschen zusammen, die untereinander Gottes Herrlichkeit zum Ausdruck bringen.

Larry Crabb, Orte der Geborgenheit und Heilung

Auf dem Weg zu authentischen geistlichen Gemeinschaften

280 S.; Paperback

In diesem bahnbrechenden Buch stellt uns Larry Crabb ein inspirierendes Bild vor Augen, was Kirche bzw. Gemeinde, ja auch jede Ehe, Familie und Kleingruppe eigentlich sein könnte: eine echte geistliche Gemeinschaft, ein Ort, an dem nicht erwartet wird, dass man schon eine gewisse Perfektion erreicht hat, sondern wo sich Menschen miteinander auf den Weg zu Gott machen.

In *Orte der Geborgenheit und Heilung* befasst sich Larry Crabb mit einem solchen Ort, an dem Gott Menschen heilen kann und an dem sie wieder miteinander in Verbindung kommen und letztlich auch mit ihm.

Phil Mason, Quanten-Herrlichkeit

Die Wissenschaft von der Inbesitznahme der Erde durch den Himmel; 520 Seiten, Paperback

Quanten-Herrlichkeit erläutert auf eine äußerst spannende Weise die Zusammenhänge zwischen den faszinierenden Erkenntnissen der Quantenmechanik und der Herrlichkeit Gottes.

Der erste Teil untersucht die subatomare Welt und enthüllt ihren außergewöhnlich komplexen göttlichen Plan, der die Genialität unseres Schöpfers offenbart.

Im zweiten Teil erklärt der Autor ausführlich, wie die Herrlichkeit Gottes in unser physisches Universum eindringt, um Wunder göttlicher Heilung zu bewirken.

Das Buch ist vollgepackt mit verblüffenden Erkenntnissen, aber mehr als das, ist es dazu bestimmt, uns für den übernatürlichen Dienst auszurüsten, damit wir die Herrlichkeit Gottes auf der Erde freisetzen, wie sie im Himmel ist!

Wayne Jacobsen / Dave Coleman

Der Schrei der Wildgänse

Aufbrechen zu einem freien Leben in Christus jenseits von Religion und Tradition; 220 Seiten, Paperback

Wie können wir heute als Einzelne und in Gemeinschaft in der Freiheit leben, zu der uns Christus befreit hat? Wie können wir religiöse Zwänge entlarven, die uns diese Freiheit immer wieder rauben wollen?

Die Autoren beantworten diese Fragen mitten aus dem Leben. Sie zeigen auf, wie wir heute ganz praktisch mit Jesus leben und eine Freude und eine Freiheit erleben können, von der wir bisher bestenfalls träumen konnten.

James Goll

Geistlich wahrnehmen und unterscheiden

Wie wir Offenbarungen empfangen, prüfen und anwenden können; 216 S.

James Goll erklärt, dass jeder Nachfolger Jesu geistliche Offenbarungen empfangen und prüfen kann, auch wenn einige als Propheten besonders begabt sind. Er legt präzise dar, wie wir unsere Sinne dem Heiligen Geist hingeben können, damit wir geistlich wahrnehmen können.

Und er erläutert, wie wir Offenbarungen prüfen, anwenden und letztlich verinnerlichen können, damit die Menschen sie nicht nur hören, sondern in uns sehen.

Für das vertiefte Studium ist ein Arbeitsbuch erhältlich.

James Goll

Die Gaben des Heiligen Geistes freisetzen

216 S., Paperback

Der Heilige Geist demonstriert Gottes übernatürliche Kraft durch seine Gemeinde heute, indem seine Herrlichkeit auf globaler Ebene freigesetzt wird. Alle Gaben Gottes sind immer noch voll funktionsfähig, und jeder einzelne Gläubige ist dazu bestimmt, im Fluss Gottes zu leben und seine Bestimmung zu erfüllen.

James Goll zeigt auf, wie der Heilige Geist durch die neun bekanntesten Geistesgaben wirkt und wie wir sie unter Gottes Leitung für die Erfüllung des Missionsbefehls einsetzen können.

Anhand vieler anschaulicher Beispiele aus der Bibel und aus der Gegenwart lernen wir, wie geistliche Gaben in der Praxis funktionieren. Aber es geht in diesem Buch nicht nur darum, wie man seine geistlichen Gaben entdeckt oder empfängt, sondern wie man sie freisetzt und weitergibt!

Für das vertiefte Studium ist ein Arbeitsbuch erhältlich.

Frank Krause, Die Armee

Impulse zur aktuellen geistlichen Revolution; 300 S., Pb.

Die Zukunft hat begonnen. Das Verlangen nach Wahrheit, Orientierung und positiven Visionen schwillt an wie eine Flut. Menschen wollen definitiv wissen, wie sie vom Heiligen Geist verwandelt werden können, um in die Dimension der Herrlichkeit Gottes und die enge Beziehung mit Jesus, genannt „Jüngerschaft", eintreten zu können.

Sie sind bereit, dafür zu kämpfen und alle Hindernisse zu überwinden. Sie haben das Spiel religiöser Nichtigkeit und frommen Missbrauchs satt und wollen zu Jesus selbst finden und mit ihm gehen – in Liebe und Wahrheit.

Larry Kreider

Authentisches geistliches Mentoring

Anderen helfen, im Glauben zu reifen; 240 Seiten, Pb.

Es ist kein Geheimnis, dass es einen großen Bedarf an geistlichen Vätern und Müttern gibt, die Mentoren für jüngere Christen sein können. Mit diesem praktischen Handbuch gibt uns Larry Kreider bewährte biblische Prinzipien an die Hand, sodass Mentor-Beziehungen gelingen.

Er stellt insbesondere das Mentoring-Modell Jesu vor und zeigt auf, wie wir dieses in unserer geistlichen Familie anwenden können. Ob Sie nun einen geistlichen Mentor suchen oder einer werden wollen – dieses Buch ist gleichermaßen für Sie geeignet!

Mike & Sue Dowgiewicz

Zeiten der Wiederherstellung

Fundamente für ein authentisches Christsein; Fundamente für die Endzeitgemeinde; 320 Seiten, gebunden

Wie können wir die Vertrautheit und Vollmacht der ersten Christen zurückgewinnen?

Dieses Buch lädt zu einer Entdeckungsreise ein. Sie lernen die Charakteristiken des urgemeindlichen, noch hebräisch geprägten Lebensstils kennen, aber auch die Fehlentwicklungen der frühen Kirche. Im Wesentlichen bietet es jedoch eine Orientierung auf dem Weg zu geistlicher Erneuerung.

Bestellen Sie im Buchhandel oder (versandkostenfrei in D) direkt beim Verlag:

GloryWorld-Medien | Beit-Sahour-Str. 4 | D-46509 Xanten
Fon: 02801-9854003 | Fax: 02801-9854004 | info@gloryworld.de

Aktuelles, Leseproben, Downloads & Shop: **www.gloryworld.de**